首都博物馆口述历史

（一九五三年至一九八一年）

首都博物馆　编

U0898128

科学出版社
北京

首都博物馆　书库

己种　第陆部

《首都博物馆口述历史（一九五三年至一九八一年）》

内 容 简 介

作为北京地区的地志性博物馆，国家首都的重要文化阵地，首都博物馆正式成立四十年来取得了辉煌的成就。本书以口述历史的形式回顾首都博物馆自身的发展历程，聚焦1953年至1981年间的创办筹备情况，通过亲历者口述、档案佐证等方法进行梳理与考证。本书的出版首次记录下了首都博物馆初创阶段的历史轨迹，从一个侧面展现新中国成立以来首都北京的文化事业发展脉络和中国文博事业的早期发展状况。

本书可供历史、博物馆、文物等方向研究者和爱好者，以及大专院校相关专业师生阅读、参考。

图书在版编目（CIP）数据

首都博物馆口述历史：一九五三年至一九八一年／首都博物馆编. —北京：科学出版社，2021.10

ISBN 978-7-03-070247-0

Ⅰ. ①首…　Ⅱ. ①首…　Ⅲ. ①首都博物馆－历史－1953-1981　Ⅳ. ①G269.271

中国版本图书馆CIP数据核字（2021）第215564号

责任编辑：张亚娜　周　赒／责任校对：王晓茜

责任印制：肖　兴／书籍设计：北京美光设计制版有限公司

科学出版社 出版

北京东黄城根北街16号

邮政编码：100717

http://www.sciencep.com

北京华联印刷有限公司 印刷

科学出版社发行　各地新华书店经销

*

2021年10月第　一　版　开本：720×1000　1/16

2021年10月第一次印刷　印张：12

字数：186 000

定价：180.00元

（如有印装质量问题，我社负责调换）

首都博物馆编纂委员会

主　　任　郭小凌

副 主 任　白　杰　韩战明

委　　员　靳　非　齐密云　黄雪寅　杨文英　张　凌　杨丹丹　龙霄飞　彭　颖　齐　玫　鲁晓帆　刘绍南　黄春和

编　　辑　孙芮英　张　靓　杨　洋　裴亚静　杜　翔　龚向军　李吉光　李兰芳　张　明　任　和

《首都博物馆口述历史（一九五三年至一九八一年）》

主　　编　靳　非

副 主 编　龙霄飞

编　　委　孙芮英　李　陶　杨　洋　裴亚静　彭　昕　罗　征　张　明

执行编辑　彭　昕　张　明　靳　非

图片编辑　罗　征　韩　晓　张京虎　谷中秀　梁　刚　白　琳　杨　妍　朴　识

序

1981年10月1日，在中华人民共和国国庆节的喜庆氛围里，首都博物馆正式成立并向公众开放。自此，首博与共和国一天生日，并以首都而命名。这不仅是一代代首博人的骄傲，更是一份沉甸甸的责任与使命。如今我们怀着对首博的深厚情感，在编修首都博物馆历史的过程中，以一个最为初步的成果，作为迎接不惑的生日献礼。做好“修史修志”工作是2014年2月25日，习近平总书记视察首都博物馆时对首博人的殷殷嘱托之一。当时，他满怀深情地讲道：“搞历史博物展览，为的是见证历史、以史鉴今、启迪后人。要在展览的同时高度重视修史修志，让文物说话、把历史智慧告诉人们，激发我们的民族自豪感和自信心，坚定全体人民振兴中华、实现中国梦的信心和决心。”修史修志既是文博人把历史智慧传播给人们的工作手段之一，更是首博人研究自身历史，把握发展规律，为中国文博事业发展提供借鉴的贡献手段之一。

回望1953年4月27日上午，北京市副市长吴晗与中央人民政府文化部社会文化事业管理局局长郑振铎召开座谈会，讨论筹建首都历史与建设博物馆的方案。据此，市政府批准了筹备处的建立，28年筹建路由此而始。然而，在坎坷的创业路上，不仅筹备处的建制时有时无、人员时聚时散，办公地点也从北海公园画舫斋、天王殿，到天坛、孔庙，漂泊不定。虽然历尽艰辛，筹备处的同志们仍为首博积累、整理了大量文物，筹办了系列展览，打下了稳固的基础。国家兴则文博兴，随着改革开放的春风，首博于1981年正式开馆；伴随着首都发展的脚步，2005年首博喜迁新址。当下，我们正紧跟北京城市副中心的建设步伐，为“第三次创业”而努力。然而初心易得，始终难守。无论我们走得多远，飞得多高，都不应忘记来时之路，以史为鉴，可以知兴替。

值得欣慰的是，参与首都博物馆筹备的老一辈功臣们，听说要编修馆史，都乐于为此贡献一份力量。因此，这项工作经党委研究，我们决定抢救性地开展，以口述历史征集的方式进行。在这部作为开篇的成果中，首博历史的开创者、首博发展的见证人通过口述，复原了鲜活的历史细节、呈现了过往的样貌。而作为晚辈的当下研究人员，多方收集整理文献史料，与口述内容进行比对互证，力图还原历史并经得起考证和检验。口述历史的形成是口述者和研究者共同参与的结果，如今的首博口述历史，既得益于受访者的坦诚相告，也包含了寻访者的用心用力用情。在此过程中，几代首博人通过一同回顾历史而相知相交，首博人的创业精神得以赓续和传承。

在庆祝中国共产党百年华诞的重要年份，首博人以“伟大征程——庆祝中国共产党成立100周年特展”向党的生日献礼，也激励自身不忘初心，牢记使命。对首都博物馆馆史的编修，既是为了过去，更是为了明天。见字如面，沿着历史的道路回望，首博创业者无私奉献的精神、忘我拼搏的激情凝结在字里行间，令人心潮澎湃，充满前进的力量。四十年励精图治，如今，首博人站在新的起点，面对一馆多址的格局，“国内一流、世界知名”的目标，初心不改，奋斗依旧，接续拼搏，不负韶华！

我们希望在首博成立50年之际，将一部《首都博物馆志》奉献于世人，告慰于先人，而今天摆在您面前的这部小书只是序章。我们会在不断前行的道路上，守好初心，担好使命，一棒接着一棒跑，青春永续银发郎，以功成不必在我、功成必定有我的勇气与决绝，把一个收藏与保护人类文明的首博传之久远，把一个展示与传播北京智慧的首博交给后人。

万事开头难。在辑成此集的过程中，我们得到了北京市档案馆、北京市文化和旅游局、北京市文物局、首都图书馆、新华社、北京日报社、中央新影集团的鼎力支持，在此我们代表首博党委，向所有首博前辈鞠躬致敬，并以首博人的名义向所有关心、支持、爱护、扶助首博一路前行的各界人士表达感恩！

首都博物馆　党委书记　白　杰
　　　　　　馆　　长　韩战明

2021年8月1日

目　录

寿建篇

新中国成立初期的北京文博建设

新中国成立之初，百废待兴，但国家仍对文化特别是文博工作非常重视。20世纪50年代，开始计划建设第一座北京的博物馆。此阶段的准备，奠定了首都博物馆成立的基础。1953年，吴晗等领导同志发起建立"首都历史与建设博物馆"，于坚、郭子昇、吕维、齐心、吴梦麟五位老同志口述了这段时期的亲身经历，还原了初创时期文博工作的艰辛与建馆的曲折过程。

于坚：

口述人：于坚
曾用名：张德生
口述采集时间：2019年12月20日
口述采集地点：北京市朝阳区安贞里2区家中

1948年底，北平被围城了。我正在华北大学读研究生，培养目标是当教员。中央命令华北大学负责接管北平、天津的文教单位。从华北大学抽了60个人接管北平和天津两地，其中接管北平的有40人，中央特别重视，特别是平津的文化、教育。

华北大学的校长是吴玉章，都七十岁了，所以日常工作主要是教务长钱俊瑞负责。赴平津接管就是由钱俊瑞带队，队里有老师和研究生。那时候学校有四五千人，都愿意参加这个工作，结果我被挑上了。

挑出来的研究生共60人，40人去北京。因为比较年轻，一路步行两天，到了良乡。到良乡的北平军管会以后，给我们分在了文化接管委员会。文管会分四个部：大学部、艺术部、新闻出版部、文物部[1]。我是到文物部。开始

[1] 文管会设秘书室和四个部。秘书室负责全会的行政工作，正副主任分别为黄粲、秦思平；大学部从事接管北平大专院校的工作，部长由钱俊瑞兼；文艺部从事接管北平的文化艺术单位和演艺团体的工作，部长是陈微明（即沙可夫）；新闻出版部从事接管北平的广播电台、报社、杂志社的工作，部长是徐迈进；文物部从事接管北平的故宫博物院、北平历史博物馆、北平图书馆和北平文物整理委员会四个单位的工作。

谁也不愿意去文物部，因为没人接触过文物，没条件接触所以也没有感情。最后也就是我服从组织命令干这个工作，直到今天也没离开。文物部一共接管四个单位：故宫[2]、北平历史博物馆[3]，北平图书馆[4]，还有北平文物整理委员会[5]，其中两个是博物馆，这就是文物部的任务。主任尹达[6]是从华北大学调出来的教育处负责人，副主任王冶秋[7]，是北方大学并过来的，河南晋冀鲁豫大区的大学，是属于华北大学的研究员。下有联络员罗歌、李枫和我三人。后来，我们三人被分配到文物部，我当部秘书。

那时候北京还没有市属的公共博物馆。1949年的上半年，接管故宫的人手不够，罗歌一个人忙不过来，就把我派到故宫博物院，在那常驻半年。因为刚解放，北京市政府还没成立呢，一切由军管会负责，没吃的就解决吃的，没喝的解决喝的，国民党拖欠的工资也得给解决。

当时联络员最主要的工作是什么呢？补发工资，吃的也困难，就是弄粮食。但接管四个单位时都宣布原职原薪，为了文物安全，人心必须稳定。故宫的院长马衡[8]，都快70岁了，当了二三十年院长，对故宫感情很深。南京几次派飞机接他，因为北平围城了，坐车不可能出去的，只能飞机。他不去，“我要保护故宫”。你想老院长那么大岁数，接他走他都不走，他在那起了稳定作用，他一走，人心浮动，什么事都可能出的。这老先生，我到现在

[2] 故宫博物院：成立于1925年10月10日，是在明清两代皇宫及其收藏的基础上建立起来的综合性博物馆，也是我国最大的古代文化艺术博物馆。

[3] 北平历史博物馆：1912年，由教育总长蔡元培提议，社会教育司科长周树人（鲁迅）经手，于当年7月设立历史博物馆筹备处，是我国最早筹备的、公立公共博物馆。馆址在国子监，后移至故宫的午门、端门，以两侧房舍为馆址，以午门上城楼及两侧亭庑为陈列室。

[4] 北平图书馆（今中国国家图书馆）：其前身为1910年筹建的京师图书馆。位于北京市西城区文津街7号。1912年正式开放。藏书近百万册，为我国藏书最多、规模最大的图书馆，也是我国古代重要典籍的主要收藏中心。

[5] 北平文物整理委员会（今中国文化遗产研究院）：前身为1935年成立的旧都文物整理委员会。抗日战争胜利后，国民党政府将其改为行政院北平文物整理委员会（简称文整会），下设文物整理工程处。它是中国现代从事古建筑维修保护和调查研究的专门机构。马衡兼主任。

[6] 尹达（1906—1983），中国考古学家、历史学家。参与范文澜主编的《中国通史》编写工作。1958年任中国科学院历史研究所副所长，后又任考古研究所所长、《历史研究》主编。著有《中国原始社会》《新石器时代》，主编《中国史学发展史》。

[7] 王冶秋（1909—1987），中国文物博物馆事业的主要开拓者和奠基人之一。任文化部社会文化事业管理局局长期间，主持研究和选定了第一批全国重点文物保护单位，筹建中国历史博物馆和中国革命博物馆，创办文物出版社，为建立新中国文物保护工作完整的科学体系奠定了坚实基础。

[8] 马衡（1881—1955），中国考古学家。曾任北京大学研究所国学门考古学研究室主任、故宫博物院院长等职，并曾主持燕下都等地的考古发掘和调查工作。著有《汉石经集存》《凡将斋金石丛稿》等。

都很怀念他，他可以说是用生命在保护故宫。为什么说是用生命？因为毛泽东同志三令五申地告诉围城的部队要保护故宫、保护大学[9]。傅作义[10]就利用这个，偏把他的军火都弄到故宫附近，把故宫都给围上了。马衡先生是很有名望的人，顶着压力，军火就没放进去故宫院内，但是挡不住在门洞里头放，那午门不是有门洞嘛，这没办法了。太庙，院内就是军火库；景山，院内也是军火库；东边、北边、南边，都围上了，这老头儿就等于待在这军火库里头。他视文物如生命，文物比生命还要重要。这值得所有文博工作者学习。

1949年新中国成立了——文化部文物局局长是郑振铎，副局长王冶秋——可以发公文向全国调查博物馆情况。1949年底统计，全国一共有21家公共博物馆，全国才21家！

1953年我在文物局，那时候还不叫国家文物局，是归文化部管的文物局，我在那的博物馆处当秘书。我们接管以后先把旧博物馆进行定位，往哪个方向发展，比如你是历史的，你是艺术的，你是科技的，定位发展方向。但那单位都是很小的，唯一的大单位就是故宫了。当时北京市还没有一个公共博物馆，管文物的地方叫文物管理处。前边说统计出来的21个公共博物馆里当然就没有北京市的。

为了充分发挥现有博物馆的潜力，中央发出要求全国博物馆开展“老帮新”“大帮小”，加快了新馆成长的速度。二十世纪五十年代初，第一个五年计划前后，文物保护工作开办了四届考古方面的短训班[11]。绝大部分学员是中等学历，后来都成为工作中的骨干力量。都是在实践中继续不断地学。

当时最难的是博物馆要怎么发展：社会主义国家的博物馆什么样呀？国家建设那时候中央总的政策就是全国“一边倒”[12]，什么意思呢？要向老大哥苏联学习怎么建设社会主义国家。当然各行各业都要学。这是遇到的新问题。要充分地向苏联学习，你要出国得有钱，但是又没外汇，所以排队

[9] 1949年1月16日，中央军委电令平津前线总前委：“积极准备攻城。此次攻城，必须做出周密计划，力求避免破坏故宫、大学及其他著名而有重大价值的文化古迹。你们务使各纵首长明了并确守这一点。”

[10] 傅作义（1895—1974），保定军校第五期毕业。曾参加长城抗战和绥远抗战。日本投降后任华北“剿总”总司令。1949年1月接受中共提出的和平解放北平条件，率部起义，并促成绥远和平解放。

[11] 1952年至1955年，文化部社会文化事业管理局与中国科学院考古研究所及北京大学联合举办了四期考古工作人员训练班。学员总数达369人。文物考古界知名学者几乎都参与了授课。学员们被誉为考古界的“黄埔四期”。

[12] 1949年6月30日，毛泽东发表了《论人民民主专政》一文，在文中明确提出了新中国外交“一边倒”的方针，即必须倒向社会主义阵营。在新中国成立后的三四年中，我国同苏联、东欧各人民民主国家签订的政治、军事、经济、科技、文化及其他各种专项协定和议定书等，共达110多种。

（出国）排得很慢，文博就更排不到了。

1955年，那时候（中苏）两家还是友好的，属于“蜜月期”，他们希望中国公派博物馆代表团[13]去访苏，他们负责接待。我有幸参加了。到那儿对方有求必应，你想参观哪儿，想访问多长时间，都行。需要什么文博书籍和材料就给我们什么，连来带去的差不多有一个多月。回来我们心里有点儿底了，连着开了几个会，好比筹备第一次全国博物馆工作代表大会。这个事如果没有去苏联，也不好开，“一边倒”怎么倒？都不知道，因为没去过，也没有书，你说难不难？

所以，这次去访问收获很大，一句话：博物馆要加强研究。因为大大小小博物馆，到那儿人家一介绍，这个是博士，那个是硕士，每家大馆有四五十个博士，这个是什么专家，那个是什么专家。先有专家，然后根据专家的意见开展业务。我们这分配来的都是中学培养的人，中等学历。而且要房子没房子，要钱没钱，要人没人，很累呀，难题堆成山，可那时候的博物馆就是这么发展起来的。结论是：坐等条件显然是一场空，只有迎着困难上才有出路。

[13] 根据中苏文化协定，文化部派遣了一个博物馆代表团，于1955年8月4日赴苏参观访问，历时一个月。团长为文化部文物管理局局长王冶秋，成员有革命博物馆筹备处主任徐彬如及陈列部主任谢炳志，故宫博物院副院长陈乔，自然博物馆筹备处主任杨瑞亭，山东省博物馆副馆长秦亢青，文化部文物管理局博物馆处副处长于坚，一行七人，加上翻译工戈清。

题名：文物组每年发展计划草案、1953年度工作总结、报告、会议记录

王完顏亮建都的中都，就是北京，實際上北京作爲都城，比這個年代還早，唐朝的安祿山也是在這裡建都的。過去的博物館都是擺古的東西，這是不適合的，我們建築的這個博物館要將正在改變中的現實表現出來，內容可以分爲三部分，卽歷史階段、現在階段和將來階段，用模型表現出來凡是與北京建設發展有關係的都要加以表彰，例如明代朱棣時的姚廣孝便必須特別提出老北京城是他設計的。這個博物館的建築祇求適用，不必要什麼宮殿式的綠瓦和白石欄桿，這方面的責任主要是由文物調查組負責。文獻的搜集人物的紀念品都不可缺少，文獻方面希望趕快搜集參考書籍，印出目錄作爲參考。並希望這個博物館能在本年的十月一日開幕。

圖表一類也是很重要的，如王鐸寫的北京八景圖、瓊島春陰圖沒有白塔，蘆溝橋的欄桿上沒有獅子。這都是文獻、歷史上的考據，北京過去光榮、現在光榮、將來更光榮，博物館要使人民對於北京市，將來的建設發展更有信心。

—3—

15

北京市档案馆

建立“首都历史与建设博物馆”筹备座谈会记录

档案号 011-001-00128 第 13-26 页

资料提供：北京市档案馆

图为第 13-15 页

时间：1953年4月27日

地点：北京市人民政府东大厅

主席：吴晗副市长、郑振铎局长

出席人：叶恭绰、胡蛮、邢赞亭、于非闇、常任侠、侯仁之、王松声、马衡、唐兰、常惠、刘盼遂、陈明达、王天木、罗哲文、韩寿萱、傅振伦、刘开渠、薛愚、赵万里、苏秉琦、张全新、王达成、启功、齐之彪、向达、华揽洪、朱欣陶、萧军等。

在记录中，吴晗副市长首先提出：今年决定建立“首都历史与建设博物馆”。郑振铎局长说明：今天请各位专家来讨论建立“首都历史与建设博物馆”的问题……如何保留行将过去的北京的形象，用对比的方法来说明北京市政建设和都市发展的情况，是急待解决而又必需及时解决的问题……许多劳模和惊人的事迹也都需要留下影像使人们知道首都伟大的过去和伟大的将来，这样就必须成立博物馆……我们建筑的这个博物馆要将正在改变中的现实表现出来，内容可以分为三部分，即历史阶段、现在阶段和将来阶段……北京过去光荣、现在光荣、将来更光荣，博物馆要使人民对于北京市将来的建设发展更有信心。

题名：文物组每年发展计划草案、1953年度工作总结、报告、会议记录

013

建立「首都歷史與建設博物館」籌備座談會記錄

時　間：一九五三年四月二十七日

地　點：北京市人民政府東大廳

主　席：吳晗副市長、鄭振鐸局長。

出席人：葉恭綽、胡　蠻、邢贊亭、于非闇、常任俠、侯仁之、王松聲、馬　衡、唐　蘭、常　惠、劉盼遂、陳明達、王天木、羅哲文、韓壽萱、傅振倫、劉開渠、薛　愚、趙萬里、蘇秉琦、張全新、王達成、啓　功、齊之彪、向　達、華攬洪、朱欣陶、蕭　罩等。

吳晗副市長首先致詞說明幾年來首都由於各種建設的開展，經常發現地下文物，在中央文化部社會文化事業管理局、中國科學院考古研究所、北京大學等各方面的幫助下，我們曾進行了多次發掘，北京市人民政府並在文化教育委員會下成立了文物調查組負責這些工作，今年決定建立「首都歷史與建設博物館」，中央文化部社會文化事業管理局鄭局長很注意這個問題，今天座談會採取漫談形式，請各位先生多多指教踴躍發言。

鄭振鐸局長說明今天請各位專家來討論建立「首都歷史與建設博物館」的問題我補充吳副市長的意見。大家知道今天的北京已不是過去的北京了，五年十年之後更不是今天的北京面貌必然大大地改變。如何保留行將過去的北京的形象，用對比的方法來說明北京市政建設

題名：文物组每年发展计划草案、1953年度工作总结、报告、会议记录

014

和都市發展的情況是急待解決而又必需及時解決的問題。在建設首都的過程中，新的建設與舊的建設的對比，如龍鬚溝這樣的工程必然要用對比的方法，用模型來說明，許多勞模和驚人的事跡也都需要留下影像使人們知道首都偉大的過去和偉大的將來，這樣就必須成立博物館，例如「莫斯科歷史與建設博物館」就是將莫斯科的全部建設過程用模型和圖表表示出來，館裡陳列有勞動模範的照片，勞動模範特殊創造的成績，也都製成了模型。莫斯科大學在一九四九年已將模型製作陳列出來，某一勞動模範創造鋪瓷磚瓦的簡捷方法也造型說明。莫斯科天氣很冷，建築工程上防寒設備的發展情況也都用模型表示出來。在中國譬如我們建築上的民族形式還是正在爭論的問題。舊有的四合院必然被淘汰，但又必需將其形像變成模型保留下來，屋頂用平頂還是用斜頂的問題，也正在爭論不決。許多東西將隨着首都市政建設的發展而消滅，但必須有一部分保留下來作為參考。來教育人民和下一代。

至於講到北京的歷史那就更早了，這可以追溯到周口店發現五十萬年前的北京人，近一點是戰國時代的燕國，據陶然亭的文物發掘可以推到二千五百年前左右。八百年前金海陵

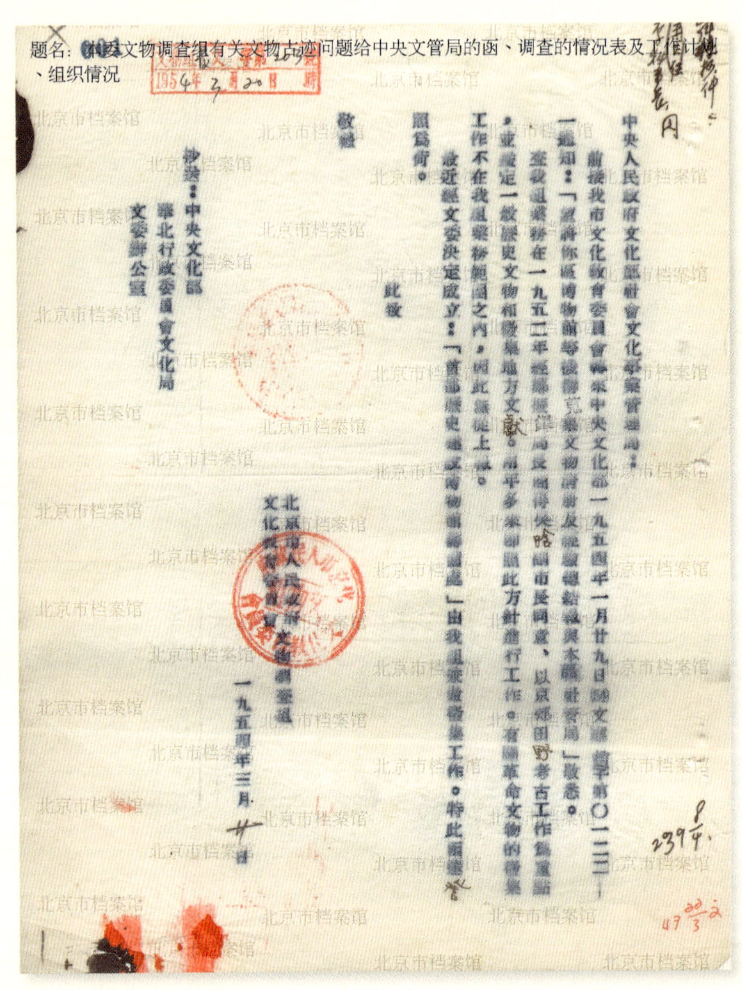

中央人民政府文化部社會文化事業管理局：

前接我市文化教育委員會轉來中央文化部一九五四年一月廿九日(54)文廳趙字第〇一二二一通知：「望將你區博物館等機構徵集文物清冊及經驗總結報於本部社管局」敬悉。

查我組業務在一九五二年經鄭振鐸局長商得吳晗副市長同意、以京郊田野考古工作為重點，並鑑定一般歷史文物和徵集地方文獻。兩年多來即照此方針進行工作。有關革命文物的徵集工作不在我組業務範圍之內，因此無從上報。

最近經文委決定成立：「首都歷史建設博物館籌備處」由我組兼做徵集工作。特此函達，希查照為荷。

此致

敬禮

北京市人民政府文化教育委員會文物調查組

一九五四年三月廿日

抄送：中央文化部
華北行政委員會文化局
文委辦公室

决定成立“首都历史建设博物馆筹备处”的通知

档案号 011-001-00131 第1页

资料提供：北京市档案馆

中央人民政府文化部社会文化事业管理局：

前接我市文化教育委员会转来中央文化部1954年1月29日（54）文 厅 赵字第01221通知：“望将你区博物馆等机构征集文物清册及经验总结报于本部社管局”敬悉。

查我组业务在1952年在郑振铎局长商得吴晗副市长同意，以京郊田野考古工作为重点，并鉴定一般历史文物和征集地方文献。两年多来即照此方针进行工作。有关革命文物的征集工作，不在我组业务范围之内，因此无从上报。

最近经文委决定成立：“首都历史建设博物馆筹备处”由我组兼做征集工作。特此函达誊照为荷。

北京市人民政府文化教育委员会 文物调查组 1954年3月20日

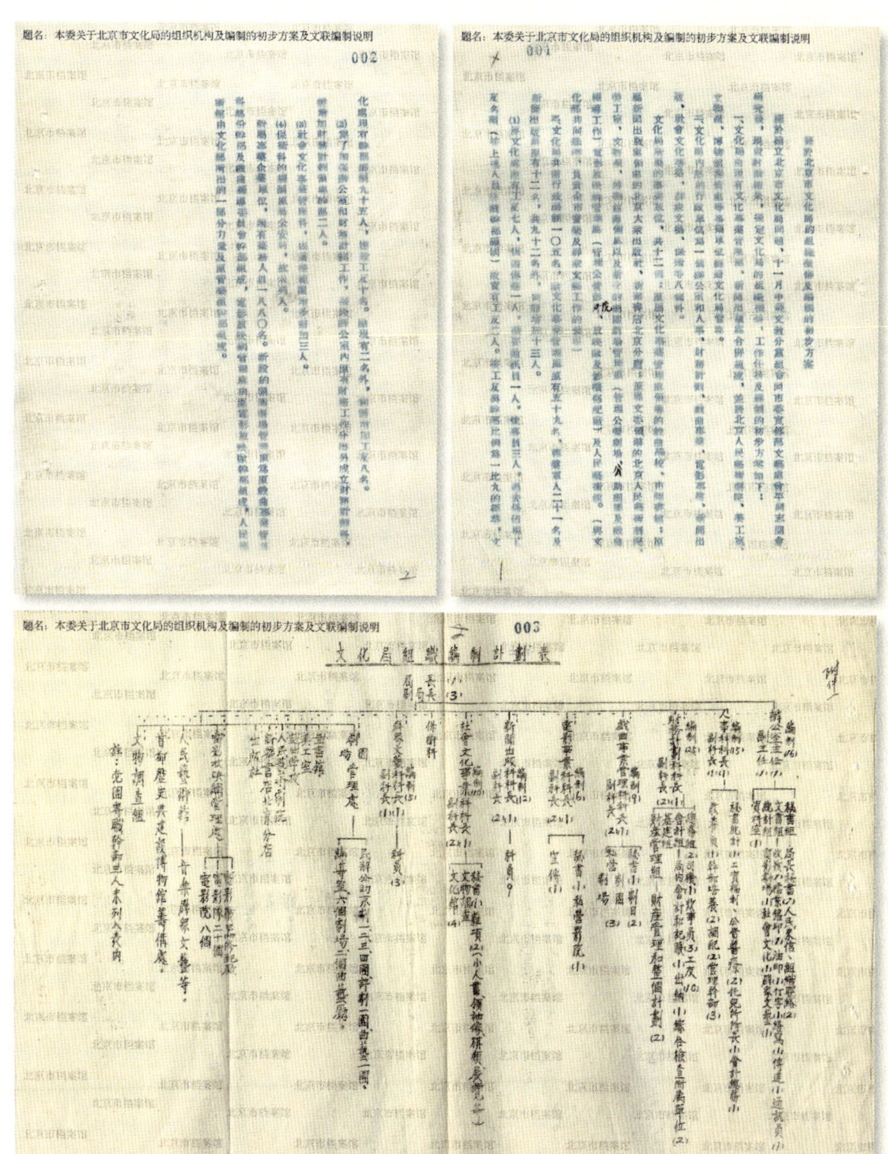
题名：本委关于北京市文化局的组织机构及编制的初步方案及文联编制说明

001

关於北京市文化局的组織機構及編制的初步方案

题名：本委关于北京市文化局的组织机构及编制的初步方案及文联编制说明

002

题名：本委关于北京市文化局的组织机构及编制的初步方案及文联编制说明

003

文化局組織編制計劃表

本委关于北京市文化局的组织机构及编制的初步方案及文联编制说明

第 1-2 页：关于北京市文化局的组织机构及编制的初步方案：文化局由现有文化事业管理局、新闻出版处合并组成，并将北京市人民艺术剧院，美工室、文物组、博物馆筹备处等事业单位划归文化局管理。

第 3 页：北京市文化局组织编制计划表，左二另有“首都历史与建设博物馆筹备处”字样。

档案号 011-001-00140 第 1-3 页

资料提供：北京市档案馆

北京市人民政府公用笺

1955年度首都历史与建设博物馆筹备处编制　1954.7.18.

① 業務幹部10人 ② 技工2人 ③ 勤雜4人 合共16人（文物组附件待定编制11人）

又 成立展览经常费概算：

（甲）北海公园内大西殿（开作综合性展览室）修缮费一包括山门、钟鼓楼、四天王殿、东西配殿、大殿天花板、油漆彩画、通风设备、后院库房整修、清除枯株拔草，院内做下水道，换装平铺砖地，保险安全电线，换装自来水，购置陈列文物柜架等，共需八亿元

（乙）天坛内神库（开作图书阅览书库和展览研究室）七十二长廊（决定修三十五间作为古建筑和美术创作的展览用）打牲亭（开为文化活动和专题陈列室用）三处修缮换装修，换装电线，购置文物柜架等共需拾亿元（图书馆所需要部分包括在内）

（丙）業務費一包括田野考古和采集古物的购置 贰亿元（全年）

（丁）古文物购置费 请考虑！

（戊）库房用储藏文物箱柜购置费 叁亿元

（己）中型古墓（常年的）[illegible]

北京市档案馆

1955年度首都历史与建设博物馆筹备处编制及经费概算，1954年7月18日

档案号 011-002-00237 第21页

资料提供：北京市档案馆

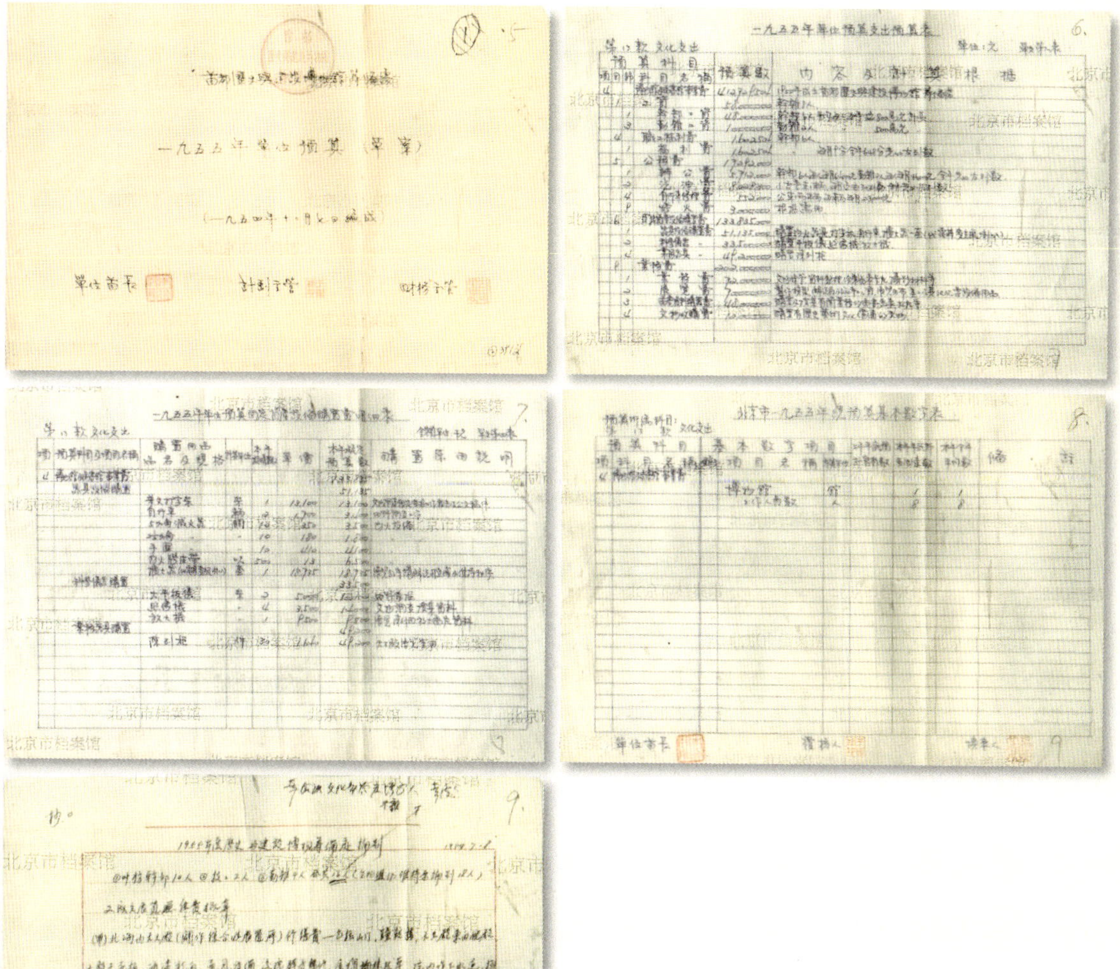

首都历史与建设博物馆筹备处 1955 年预算（草案）及人员编制

档案号 011-002-00075 第 5-10 页

资料提供：北京市档案馆

图为第 6-10 页

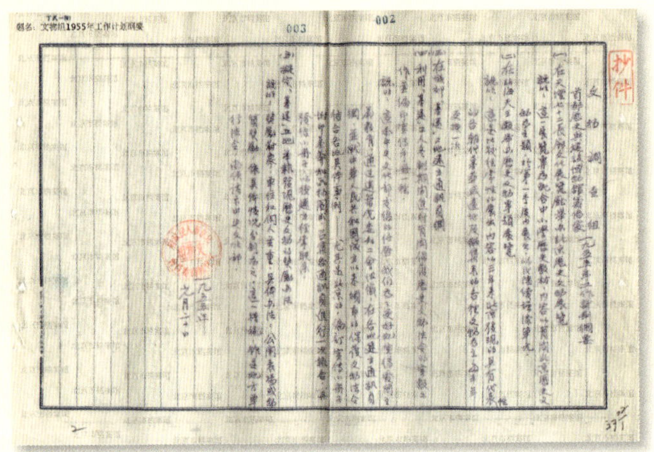

首都历史与建设博物馆筹备处1955年工作计划纲要

（一）在天坛七十二长廊文化展览厅举办北京历史文物展览；（二）在北海天王殿举办历史文物专题展览；（三）在城郊“基建”工地建立通讯员网；（四）利用“基建”工人冬训期间进行有关保护历史文物法令的宣教工作并编印宣传手册一种。

档案号 164-001-00142 第 2 页

资料提供：北京市档案馆

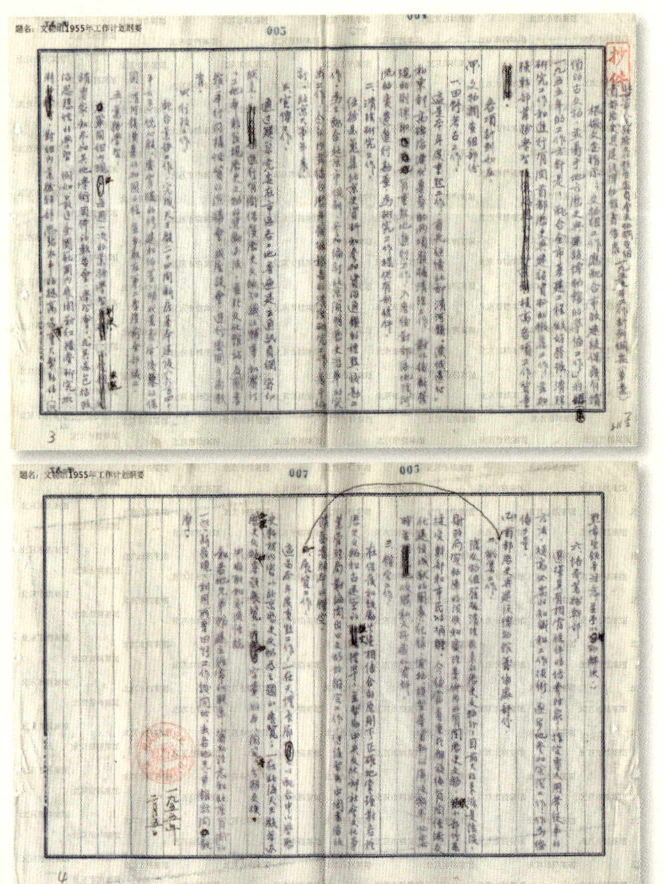

首都历史与建设博物馆筹备处1955年工作计划纲要（草案）

（一）展览工作：这是本年度重点工作，在天坛长廊举办以配合中小学历史教材内容，以北京历史文物为主题的展览；在北海天王殿举办各种历史文物的专题展览，如字画、版本、陶瓷等，分期更换。（二）征集工作。（三）鉴定工作。

档案号 011-001-00142 第 3-4 页

资料提供：北京市档案馆

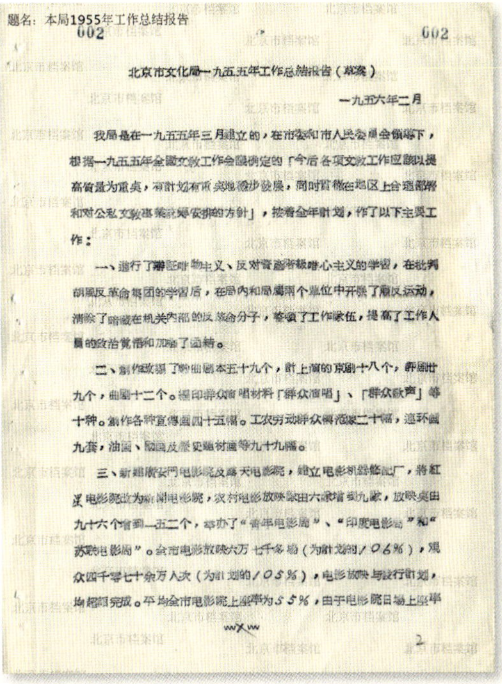

题名：本局1955年工作总结报告　002　　002

北京市文化局一九五五年工作总结报告（草案）

一九五六年二月

我局是在一九五五年三月建立的，在市委和市人民委员会领导下，根据一九五五年全国文教工作会议确定的「今后各项文教工作应该以提高质量为重点，有计划有重点地稳步发展，同时有准备在地区上合适部署和对公私文教事业统筹安排的方针」，按着全年计划，作了以下主要工作：

一、进行了辩证唯物主义、反对资产阶级唯心主义的学习，在批判胡风反革命集团的学习后，在局内和局属两个单位中开展了肃反运动，清除了暗藏在机关内部的反革命分子，纯洁了工作队伍，提高了工作人员的政治觉悟和加强了团结。

二、创作改编了戏曲剧本五十九个，计上演的京剧十八个，评剧廿九个，曲剧十二个。编印群众演唱材料「群众演唱」、「群众歌声」等十种。创作各种宣传画四十五幅。工农劳动群众模范像二十幅，连环画九套，油画、国画及历史题材画等九十九幅。

三、新建天安门电影院及露天电影院，建立电影机器修配厂，将红星电影院改为新闻电影院，农村电影放映队由六队增到九队，放映点由九十六个增到一五二个，举办了"青年电影周"、"印度电影周"和"苏联电影周"。全市电影放映六万七千多场（为计划的106%），观众四千零七十余万人次（为计划的105%），电影放映与发行计划，均超额完成。平均全市电影院上座率为55%，由于电影院日场上座率

2

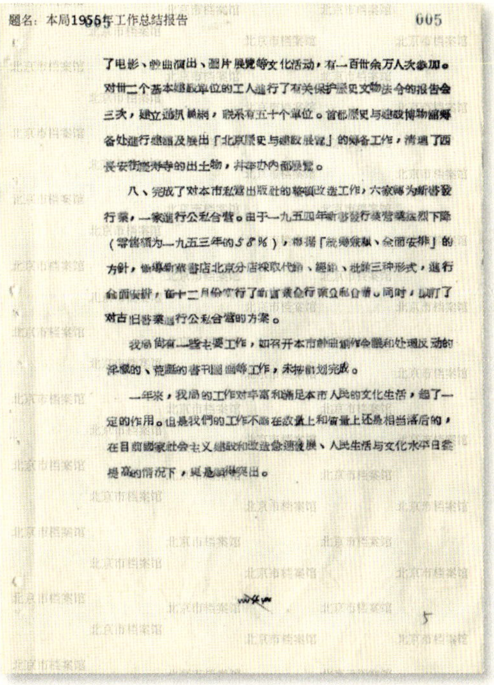

题名：本局1955年工作总结报告　005

了电影、戏曲演出、图片展览等文化活动，有一百卅余万人次参加。对卅二个基本建设单位的工人进行了有关保护历史文物法令的报告会三次，建立通讯网，联系有五十个单位。首都历史与建设博物馆筹备处进行建馆及展出「北京历史与建设展览」的筹备工作，清理了西长安街庆寿寺的出土物，并举办内部展览。

八、完成了对本市私营出版社的整顿改造工作，六家转为新书发行业，一家进行公私合营。由于一九五四年新书发行业营业额剧烈下降（零售额为一九五三年的58%），根据「统筹兼顾、全面安排」的方针，领导新华书店北京分店采取代销、经销、批销三种形式，进行全面安排，在十二月份实行了新书业全行业公私合营。同时，拟订了对古旧书业进行公私合营的方案。

我局尚有一些主要工作，如召开本市戏曲创作会议和处理反动的淫秽的、荒诞的书刊图画等工作，未按计划完成。

一年来，我局的工作对丰富和满足本市人民的文化生活，起了一定的作用。但是我们的工作不论在数量上和质量上还是相当落后的，在目前国家社会主义建设和改造急速发展、人民生活与文化水平日益提高的情况下，更显得突出。

5

北京市文化局1955年工作总结报告（草案）

首都历史与建设博物馆筹备处进行建馆及展出“北京历史与建设展览”的筹备工作，清理了西长安街庆寿寺的出土物并举办内部展览。

档案号 164-001-00150 第 2-5 页

资料提供：北京市档案馆

图为第 2、5 页

郭子昇：

口述人：郭子昇
曾用名：郭義德　郭杲
口述采集时间：2015年12月18日
口述采集地点：北京市西城区广安门外红居街家中

1956年我回北京，先在（北京市）文化局待了三个多月，然后在社会文化科。社会文化科副科长张悦平（谐音）说："这样老郭，我领着你到咱们附属单位转转，你看看你想上哪儿。"我记得到了博物馆的时候，地点就是现在文物研究所那个地方[1]，他们正在那开会。张悦平介绍："这是郭子昇同志，他想到博物馆工作。"我说我对博物馆是一无所知。于杰[2]说："好吧，只要你好好学习，我们这有的是专家。"这是于杰跟我说的，我印象特深。

1959年我就去参加劳动了，那个时候经常有劳动，每年帮助农民割麦子。帮助农民收秋算短的，我参加的是长期的整一年的劳动，有两个：一个是1959年到牛栏山，一个是1963年到南湖农场。等我劳动回来，接着工作。

[1] 即北京市文物研究所，位于北京市西城区地安门西大街26号（北海公园北门西侧）。

[2] 于杰（1927—1992），考古学家，北京市文物研究所原所长。著有《北京史资料长编（辽金部分）》《金中都》等。完成了《日下旧闻考》《历代宅京记》等书的整理校点。

吕维：

1958年8月，我从天津南开大学历史系毕业后，我们一共五位同学被分配到北京市文化局，其中和我一起被分配到首都博物馆筹备处的一位叫胡盛芳，她后来被调到她爱人的单位高级党校[1]。当时的首博筹备处在北海公园后面的天王殿，是北海公园的一部分。刚到北海天王殿报到时，接待我们的筹备处领导是梁丹[2]和赵光林[3]。当时首博（筹备处）的人员很少，一下子来了两位大学生，大家对我们都很热情，我心里很高兴，庆幸刚刚走进社会，就能进入这么一个好单位。

当时的首博筹备处和北京市文物工作队是人员不分但挂两块牌子，称为“一套人马两套用”。我记得那时全单位

口述人：吕维
曾用名：王慧儒
口述采集时间：2019年6月26日
口述采集地点：北京市海淀区西三旗新都环岛枫丹丽舍小区 家中

[1] 全称为中共中央高级党校，简称中央党校。

[2] 梁丹（1926—2017），曾用名梁守勋，中共党员。1955年调任北京市文化局，先后任首都历史与建设博物馆筹备处副主任、首都博物馆筹备处负责人及第一任馆长。1983年6月任北京市文物事业管理局副局长。1986年离休。

[3] 赵光林（1925—2018），曾用名赵文岭，1943年参加八路军，1954年转业到北京市文化部门工作，曾任北京市文物局党组成员、文物工作队主任兼党支部书记。1987年离休。

1959年初，吕维（前排右一）刚到首博筹备处工作时，在北海天王殿与同事合影

前排左起：王慧珍（谢辰生夫人）、庄芬玲；后排左起：胡盛芳（吕维的同学，二人一起分配到首博工作）、赵慧云

资料提供：吕维

分为文物组、征集组、保管组、资料室和后勤组。我被分配到文物组，那时文物组是全单位的核心，人较多，负责零散的文物调查，基建时工地出土的墓葬文物和遗址调查，我和于树功[4]负责近代和革命史部分，而其他人员都是负责考古的。我记得当时（1958—1961年期间）文物组的人员中于树功——他是一位老革命，在苏联留学时和邓小平同志是同班同学——是我们文物组的组长，其他人员有我，赵其昌[5]、于杰、苏天钧、赵迅，他们都是北大的毕业生，另外还有刘之光和郭仁为辅仁大学历史系毕业，是从故宫调来的。

实际上，我1958年被分配到首博筹备处后，很快就第一次下乡，下乡回来就被立即借调去筹建中国革命博物馆。1959年，为了庆祝中华人民共和国成立十周年，中央决定在北京建设“十大建筑”[6]，就是人民大会堂、中国历史博物馆和中国革命博物馆、中国革命军事博物馆、钓鱼台国宾馆、民族文化宫和民族饭店、中国美术馆、华侨饭店、全国农业展览馆、北京新火车站和北京工人体育场。为了建设这“十大建筑”，全国都要支援，我们首博对口的就是中国历史博物馆和中国革命博物馆，这样我就被临时借调去了中国革命博物馆帮助筹建。

那时中国革命博物馆正在建设之中，我们没有办公场所，因此国家文物局决定暂借故宫的一些不开放的宫殿房屋作为办公地点。我所在的近代史设计组借用的是“慈宁宫”，即当年慈禧太后的寝宫，这大概是我一生中很值得回忆的地方，没有想到，居然能够在“老佛爷”睡觉的地方办公。慈宁宫很大，也很阴森，多年没有人住过，所以根本感觉不到当年的辉煌。慈宁宫里有一张大条案，我中午就在上面休息。因为午休时大家都出去吃饭了，我一个人就感到很害怕，尤其是刮风时，屋内木器和门窗都会发出各种响声，听起来很瘆人。

我们在慈宁宫工作了大约半年多，天安门广场东侧的革博

[4] 于树功（1899—1985），先后在北京市人民政府研究室、文物工作队工作。

[5] 赵其昌（1926—2010），1953年北京大学历史学系考古学专业毕业后分配到北京市文教委员会文物调查研究组，后调入首都博物馆，长期从事北京地区考古学、历史学方面的研究。1956年参加明代定陵的发掘工作，担任考古发掘队队长。1983—1985年任首都博物馆副馆长，1985—1988年任首都博物馆馆长。1988年退休，后兼任首都博物馆专家委员会主任。著有《明实录北京史料》《京华集》。

[6] 1958年8月，中共中央在北戴河召开政治局扩大会议，提出为迎接即将到来的新中国成立十周年，决定在北京兴建一批公共建筑作为国庆献礼，以展示年轻共和国所取得的成就。由于计划包含十项重大公共建筑，故称“十大建筑”。

建设好后就到那里去布展。当时常来慈宁宫指导我们工作的是文化部文物局王冶秋局长，这位局长特别平易近人，对每一个人都很关心。记得有一次他来慈宁宫，下班时正值外面下着大雨，我没有带雨伞，那时我们是从西华门出入故宫，而从慈宁宫到西华门要走相当长距离的一段路，当时王局长就对我说："我有伞，我送你去公共汽车站吧。"我很过意不去，就想等一等雨停了再走，但后来他还是打着伞送我到了公共汽车站，我表示非常感谢，他却开玩笑地说："没有湿了你的绫罗裙就好。"王冶秋局长是我接触过的第一位高级领导，他让我感觉到共产党的官员真是非常亲民，因此大家做事都像给自己家干事一样，非常认真努力。

在革博的筹备布展完成后，在预展期间要有中央首长来进行审查，我被组里分配负责接待来审查的中央首长，我接待过的有邓颖超、叶剑英和罗瑞卿等领导同志。记得公安部部长罗瑞卿来时还发生了一个故事，当时的预展并没有发邀请函等，只有单位的通知，当罗瑞卿来时可能工作未做周到，大家不知道，也不认识他，因此门卫不让进，他的陪同人员说："这位是罗瑞卿部长。"门卫回答："我没有接到通知，也不认识。"后来这个门卫未受到处分，还受到表扬。

在首博工作的22年间，有许多值得回忆的有趣故事，这里略述一二。有一次，不知苏天钧从哪里弄来一辆破旧的摩托车，他用摩托车带着郭仁去十三陵工作，当时从北京去十三陵的路况很差，马路到处坑坑洼洼，而苏天钧开车又比较莽撞，前面有一个坑他没有看见，当摩托车冲过那个坑时，猛一颠簸，把郭仁摔下了摩托车。由于摩托车的噪声很大，苏天钧既没有听见也没有感觉到郭仁已经不在摩托车上了，还是一直往前开，走了一段路后，他感觉到后座好像没有人，停车一看，郭仁不见了，他赶紧往回开，走了很长一段路才看到郭仁正在一拐一扭地扛着摩托车的排气管迎着摩托车走过来。类似这样的故事还有很多。

这里要特别讲下我们采访末代皇帝溥仪的故事。在六十年代初的一个冬天，我们按照约定的时间去采访溥仪，当时溥仪已在全国政协文史资料室工作。那天早上，我记得刚上班，我们就到了政协文史资料办公室，看见一位穿着黑棉袄裤的小老头正在生煤炉。我们向他说明来意，他说：

"我就是溥仪。"我没想到，这个戴着深度近视眼镜、又黑、又瘦、又小的老头子就是堂堂的末代皇帝。如果在街上碰到他，一定会把他当成旧社会当铺的算账先生。我很仔细地打量了他全身上下，除了一身黑棉袄外，足蹬一双高帮系带子的棉布鞋，可能是嫌系带子麻烦，他把后跟踩平了，脚后跟的袜子破了两个大洞。他看我在看他的脚，不好意思地马上把鞋后跟提上来，然后请我们进办公室。办公室里面已经有了几位老头坐在那里，溥仪指着一位高高个子、白白净净的老头说："他就是宋希濂[7]。"这屋子里全是著名人物：皇帝、贵族、国民党将军等。溥仪显得很谦虚客气，但从一个小动作上，我看出了他骨子里那种"皇帝"的本质。办公室里就一个单人沙发，他嘴上说请我们坐后，自己就一屁股坐在唯一的沙发上，并跷起了二郎腿。我们搬了椅子在他面前坐下，他开始说："你们想了解我什么情况?"显然对采访这一套很熟悉。我们说想请他谈谈自己改造世界观和人生观方面的收获，题目虽然很大，但谈起来可大可小。

[7] 宋希濂（1907—1993），曾任国民党第71军军长、第11集团军总司令、新疆省警备司令、华中"剿匪"副总司令等职。1949年被中国人民解放军俘虏，后作为战犯接受改造，1959年12月特赦。

他就说："不瞒你们说，过去怎么穿衣服、穿鞋、洗脸这些日常生活的事我全不会，不知从哪里做起。比如系鞋带，更不会了，总系不好。"怪不得他把棉鞋当拖鞋穿。我们笑着说："那现在都会了吧？"他说："现在当然会了，但回到我叔叔或侄子家，他们还是不让我自己穿，我说你们这不是害了我吗？我刚刚能自立，你们又把我拖回去了。"他侃侃而谈，谈到在抚顺改造对他一生的重要性时，他说他最高兴的是他现在是一个中华人民共和国的公民，是个平常的人，再不是皇帝了。也许这是一句真心话，因为当皇帝也不是人人都像乾隆那样风流潇洒一生。他这个皇帝真是天朝地府都走了一遭，所经历的酸甜苦辣能够想象得出来。当他被捕时认为必死无疑，而如今还能够自由地生活和工作，自然是他的最高理想。

题名：本局拟订市文化事业远景规划（草案）（1956-1967） 002

北京市文化事业远景规划草案

（1956——1967）

由于全面社会主义建設和社会主义改造，扫盲工作的迅速進展，給文化工作帶來了更重大的任务，文化工作也必須加速度地，有計划地，有步驟地改革旧有的文化事業和企業，建設社会主义的新文化形成文化网，完成对私营文化事業、企業的社会主义改造，向廣大人民進行社会主义的思想教育，滿足人民日益增長的文化生活需要，提高人民群众的社会主义覺悟和文化水平，鼓舞人民劳动热情，更好地为提前完成社会主义建設服务。

第一个五年計划（1956——1957）

一九五六年是第一个五年計划的第四年，是完成第一个五年計划具有关鍵性的一年，按照中央对各項工作要求［全面規划加强領導，又多、又快、又好、又省］的总方針及根据目前本市社会主义建設等客观形势的发展，北京市文化事業的第一个五年計划必須提前或超額完成，因此在第一个五年計划后二年的指標数字有些变动。

一、电影事業：

1.电影院：到一九五五年底全市影院已到达23座座位16，165个（僅指公开售票的影院、机关團体內部的电影俱乐部不包括在內）。1956年計划增建一座（在郊外新建一座，座位500个）从而全市达到24座座位16，665个，另外为了適应首都兒童的要求，丰富少年兒童的文化生活，除在原有影院中为兒童專場放映电影外，另在

2

题名：本局拟订市文化事业远景规划（草案）（1956-1967） 007

动的輔導工作。

4.图書館：到1955年底共有图書总館一个，分館二个（其中一个为兒童分館），參考資料室一个。为便于开展和普及通俗讀物的閱覽工作1956年在城区每区建立区級图書館一个。市总館所在地东四区不再另設，将西單分館改为西單区图書館，将天坛參考資料室扩大，除保留原来參考資料外，并开展一般的借閱業务，改名为崇文区图書館，另在前門、宣武、西四、东單等四区每区設一图書館，将原兒童分館改为全市性的兒童图書館。一九五七年不发展。

5.农村俱乐部：农村俱乐部由农民自办，是农村中各項文化宣傳工作的中心，必須大力发展，1956年在郊区結合农業生产合作社建立660个农村俱乐部，其中有100个中心俱乐部，文化館通过对中心俱乐部的輔導工作，加强开展农村基層俱乐部的文艺活动，每个中心俱乐部輔導5—6个基層俱乐部，形成一个俱乐部网，1957年除帮助和輔導农業生产合作社对俱乐部進行整頓巩固，提高工作質量外，根据农民对文化生活的要求来发展。

6.首都历史与建設博物館籌备处，進行展出的准备工作，其中历史与建設二展覽館（室）兩年建成并展出。

7.为了更廣泛的开展［illegible］工矿农村文艺活动，1955年成立了北京群众艺術館，供应工人、农民業余文艺演唱材料，輔導工矿农村業余文艺活动。

四、出版事業：

1

题名：本局拟订市文化事业远景规划（草案）（1956-1967） 010

員100——150人進行放映技術及政治思想教育。到1957年共举办兩期，訓練200——300人。每年举办文化工作干部訓練班四次，每次組織文化館、图書館、俱乐部工作干部60人進行業务政治思想教育，到1957年底共举办6次，輪訓360人。

4.北京市戏曲学校：第一个五年計划中沒有新招生，1957年底在学学生數为117人。

第二个五年計划（1958——1962年）

第二个五年計划比第一个五年計划的社会主义建設速度更快，規模更大，全國农業将过渡到完全社会主义形式的高級农業生产合作社，手工業及資本主义工商業的社会主义改造已經完成，工农業生产将有更大的提高，文盲将基本上掃除。由于劳动人民物質生活和文化水平的提高，对文化生活的要求将更为迫切。因此文化工作必須根据上述形势在第一个五年計划的基礎上相適应的发展，進一步地迎接文化建設高潮。大力开展群众性的文化活动提倡和支持群众自办各項文艺組織，加强对群众文化活动的指導，有計划的調整政府所屬各类文化事業、企業网并在郊区和城区空白点適当建立一些事業、企業机构：影院、影队、剧团、剧場等文化企業应做到完全企業化，除自給自足外还要求有一定的盈余上繳，对國家資本主义形式的企業完成社会主义改造全部轉为國营，加强对文化事業的財务管理及文化企業的企業管理和經济核算工作，增加文化企業的收入，有計划的訓練和培养文化艺術工作干部加强領導組建壯大文化队伍，坚決貫徹國家文化工作的方針，進一步提高各項文化

10

题名：本局拟订市文化事业远景规划（草案）（1956-1967） 014

联系，組成图書流通网，經常供应借閱的書刊此外还帮助农村图書室建立兒童閱覽室，兒童图書館在業务上給以指導和輔導。

（二）工会图書館（室）：

它在提高工人社会主义覺悟，普及科学技術知識方面起着很重大的作用，因此必須重視并协助工会办好，除經常在業务上予以指導外，在举办图書館干部訓練时組織他們進行学习以提高工作質量和業务工作能力。

4.自然科学館：在本市新建一个規模較大的館，这个館应与各区文化館取得密切联系，經常供应文化館以宣傳資料扩大宣傳。

5.博物館：首都历史与建設博物館籌备处撤銷，正式成立首都历史与建設博物館，并進行展出。

四、出版事業：

1.出版社：扩建地方國营出版社，增加編輯力量，扩大組稿范圍，大量出版通俗讀物，增加出版品种，1962年出書350种印刷900万册。

2.报紙：1962年到达30种，新增报紙大部是工厂出版的工人小报，在农村如有条件，在区或大的农業生产合作社，可試办一、二种农民报。报紙出版量1962年到达6，500万份。

3.杂誌：1962年到达10种，出版量到达380万册。

4.图書发行業：新华書店北京分店应巩固对郊区供銷合作社文化用品商店图書代銷。進一步加强农村的图書发行，加强科学技術書籍的发

14

北京市文化事业远景规划草案（1956—1967）

第 2 页：第一个五年计划（1956—1957 年）；第 7 页“三、6. 首都历史与建设博物馆筹备处，进行展出的准备工作，其中历史与建设二展览馆（室）两年建成并展出”。

第 10 页：第二个五年计划（1958—1962 年）；第 14 页“三、5. 博物馆：首都历史与建设博物馆筹备处撤销，正式成立首都历史与建设博物馆，并进行展出”。

档案号 164-001-00163 第 2-19 页

资料提供：北京市档案馆

齐心：

首都博物馆（19）58年没搞起来，但是工作人员也挺忙的。历史博物馆、革命博物馆要筹备庆祝新中国成立十周年展览，就抽调各省各地的人，北京也派去两人，吕维就帮助革命博物馆筹备调去了。到1963年，就是赵其昌、吕维和我在筹备处工作了。

我是1961年从北京大学历史系考古专业毕业，然后分到北京市文物工作队，地点就在现在的北海天王殿，跟着早年毕业于师范大学的侯堮[1]教授考释研究北京地区出土的墓志，对墓志内容考证，我给他当助手。正好单位有好多馆藏的碑帖，侯堮负责结合历史文献和地方志加以研究。当时我们所在部门叫资料室。

跟着侯堮教授干了两年不到，（1963年）文物工作队、首都博物馆筹备处合署办公——一个支部，赵光林任办公室主任，梁丹分管筹备处——又调我到博物馆筹备处工作，就是后来的首都博物馆筹备处，现在首都博物馆的前身。开始筹备首都博物馆展览了，首先计划筹备辽金元历史展，分配给三个人：一个是我，我搞金，金中都；一个赵其昌，老先生人挺好，业务也棒，是我的师兄，他搞辽，辽南京；吕维搞元大都。筹备处当时没有几个人，搞业务的就我们仨人，筹备、写文字稿。其他人有鲁琪在资料室，还有一个办公室的人。我们搞了一年多，撰写出了北京辽金元历史陈列提纲，然后进行小组讨论。参加讨论的人员有苏天钧、于杰，他们都是北大毕业的、考古组的。还有资料组的何显华和单位领导，都参加大纲讨论。经过大家讨论，通过了展览大纲，但是最后未展出。因为当时要搞“支援越南人民抗美救国”图片展[2]了，还要筹办“‘一二·九’[3]运动三十周年

口述人：齐心
曾用名：齐春芳
第一次口述采集时间：2018年11月26日
第二次口述采集时间：2019年1月8日
口述采集地点：北京市昌平区北七家镇名流花园欧风苑 家中

[1] 侯堮（约1902—不详），文史研究者。1920年至1923年师从无锡国学专修馆唐文治先生和清华国学研究院梁启超先生。毕业后曾先后在辅仁大学、燕京大学、中国学院、北平大学、安徽大学、中法大学等校任教，在文史研究方面造诣颇深。1949年后，在北京市文物工作队工作，在此期间从事馆藏及出土历代墓志考。

[2] 1965年5月1日，首都博物馆筹备处在北海公园天王殿举办“支援越南人民抗美救国”图片展。

[3] “一二·九”运动又称“一二·九”抗日救亡运动，爆发于1935年12月9日，当时北平大中学生数千人上街游行，反对日本帝国主义对中国的入侵，反对华北自治，由此掀起全国抗日救国新高潮。这也是在中国共产党领导下的一次大规模学生爱国运动。

纪念展”[4]。当时不是提倡“厚今薄古，古为今用”嘛，所以辽金元历史部分不能先展，就未能展出。我1963年搞业务。1964年去通县（现通州区）搞“四清”运动[5]，去了八个月，这段时间就和文物这边完全没有关系了。

到1965年搞了“‘一二·九’运动三十周年纪念展”。博物馆调入了几位新干部，除了1964年调来的袁世贵、张宁，还有季华、刘谨桂、周文琪和爱人储良如、何继旺等。有从党校调来的，有人大毕业分配的，一共调来了六七个人，

[4] 1965年12月9日，由首都博物馆筹备处在北海天王殿举办。

[5] “四清”运动：1963年到1966年5月，在全国城乡开展的“社会主义教育运动”。前期在农村中是“清账目、清仓库、清财物、清工分”，后期在城乡中表现为“清政治、清经济、清组织、清思想”。对于解决干部作风和经济管理方面的问题起了一定作用，但由于指导思想上“左”的错误，把许多不同性质的问题都当成阶级斗争或阶级斗争在党内的反映，使不少干部和群众受到不应有的打击。

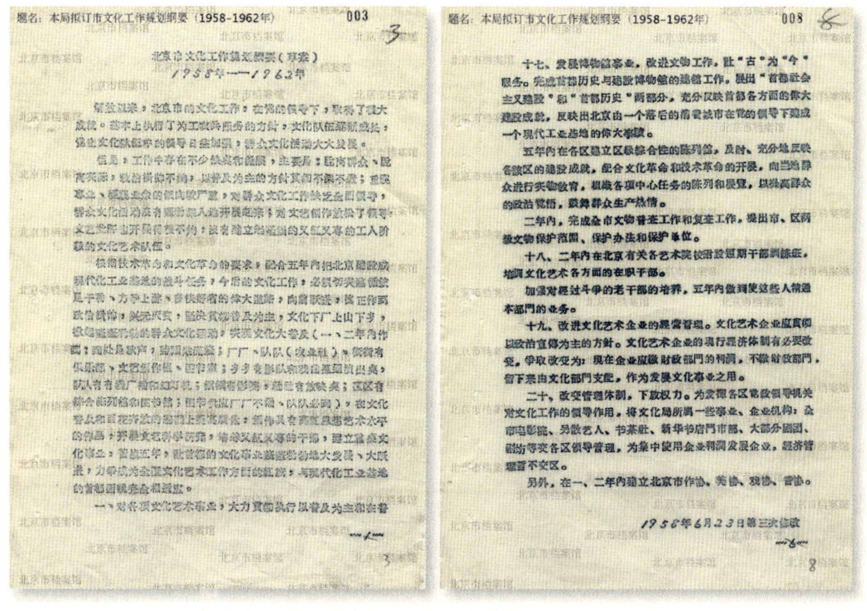

题名：本局拟订市文化工作规划纲要（1958-1962年）　003　3

北京市文化工作规划纲要（草案）
1958年——1962年

[illegible]

—1—

题名：本局拟订市文化工作规划纲要（1958-1962年）　008　8

十七、发展博物馆事业，改进文物工作，让“古”为“今”服务。完成首都历史与建设博物馆的建馆工作。展出“首都社会主义建设”和“首都历史”两部分，充分反映首都各方面的伟大建设成就，反映出北京由一个落后的消费城市在党的领导下建成一个现代工业基地的伟大事迹。

五年内在各区建立区级综合性的陈列馆，及时、充分地反映各该区的建设成就，配合文化革命和技术革命的开展，向当地群众进行实物教育，组织各项中心任务的陈列和展览，以提高群众的政治觉悟，鼓舞群众生产热情。

二年内，完成全市文物普查工作和复查工作，提出市、区两级文物保护范围、保护办法和保护单位。

十八、二年内在北京有关各艺术院校附设短期干部训练班，培训文化艺术各方面的在职干部。

加强对经过斗争的老干部的培养，五年内做到使这些人精通本部門的业务。

十九、改进文化艺术企业的经营管理。文化艺术企业应贯彻以政治宣传为主的方针。文化艺术企业的現行经济体制有必要改变，争取改变为：现在企业应缴财政部門的利润，不缴财政部門，留下来由文化部門支配，作为发展文化事业之用。

二十、改变管理体制，下放权力。为发挥各区党政领导机关对文化工作的领导作用，将文化局所属一些事业、企业机构：全市电影院、另散艺人、书茶社、新华书店門市部、大部分剧团、剧场等交各区领导管理，为集中使用企业利润发展企业，经济管理暂不交区。

另外，在一、二年内建立北京市作协、美协、戏协、音协。

1958年6月23日第三次修改

—6—

北京市文化工作规划纲要（草案）1958—1962年

完成首都历史与建设博物馆的建馆工作。展出“首都社会主义建设”和“首都历史”两部分，充分反映首都各方面的伟大建设成就，反映出北京由一个落后的消费城市在党的领导下建成一个现代工业基地的伟大事迹。

档案号 164-001-00190 第 3-8 页

资料提供：北京市档案馆

图为第 3、8 页

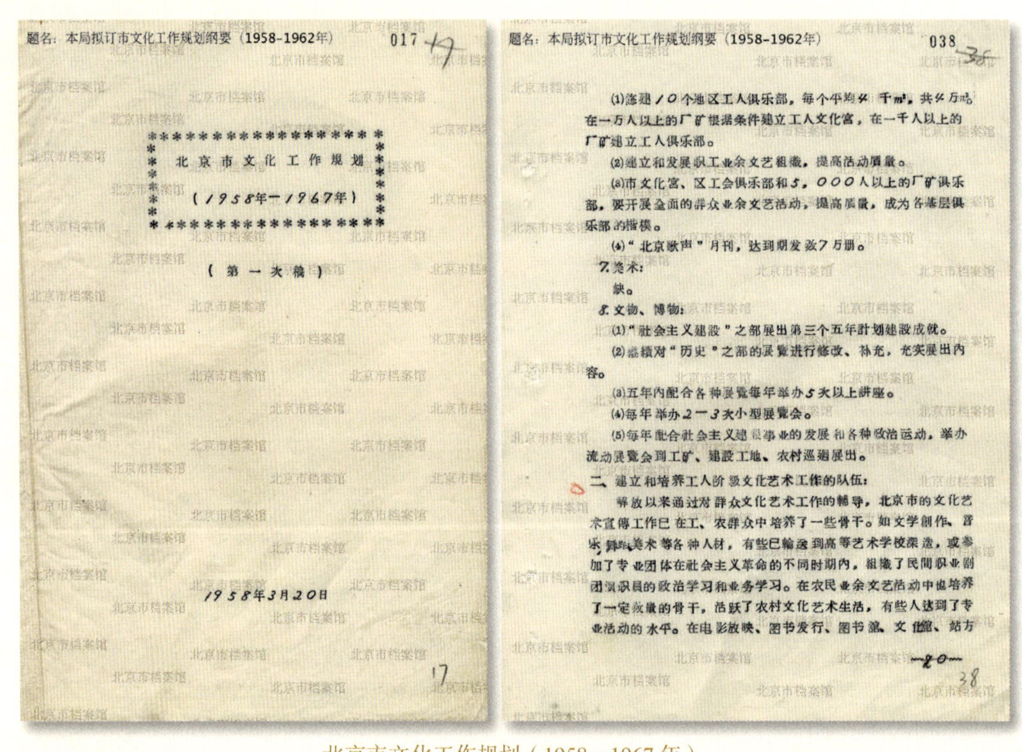

题名：本局拟订市文化工作规划纲要（1958-1962年）　017

北京市文化工作规划

（1958年—1967年）

（第一次稿）

1958年3月20日

17

题名：本局拟订市文化工作规划纲要（1958-1962年）　038

(1)修建10个地区工人俱乐部，每个平均4千m²，共4万m²。在一万人以上的厂矿根据条件建立工人文化宫，在一千人以上的厂矿建立工人俱乐部。

(2)建立和发展职工业余文艺组织，提高活动质量。

(3)市文化宫、区工会俱乐部和5，000人以上的厂矿俱乐部，要开展全面的群众业余文艺活动，提高质量，成为各基层俱乐部的楷模。

(4)"北京歌声"月刊，达到期发数7万册。

7.美术：

缺。

8.文物、博物：

(1)"社会主义建設"之部展出第三个五年計划建設成就。

(2)继續对"历史"之部的展覽进行修改、补充，充实展出内容。

(3)五年内配合各种展覽每年举办5次以上講座。

(4)每年举办2—3次小型展覽会。

(5)每年配合社会主义建設事业的发展和各种政治运动，举办流动展覽会到工矿、建設工地、农村巡廻展出。

二、建立和培养工人阶级文化艺术工作的队伍：

解放以来通过对群众文化艺术工作的輔导，北京市的文化艺术宣傳工作已在工、农群众中培养了一些骨干。如文学創作、音乐、舞蹈、美术等各种人材，有些已輸送到高等艺术学校深造，或参加了专业团体在社会主义革命的不同时期内，組織了民間职业剧团演职員的政治学习和业务学习。在农民业余文艺活动中也培养了一定数量的骨干，活跃了农村文化艺术生活，有些人达到了专业活动的水平。在电影放映、图书发行、图书館、文化館、站方

—20—

38

北京市文化工作规划（1958—1967年）

（一）8. 文物、博物：（1）"社会主义建设"之部展出第三个五年计划建设成就。（2）继续对"历史"之部的展览进行修改、补充，充实展出内容。（3）五年内配合各种展览每年举办5次以上讲座。（4）每年举办2—3次小型展览会。（5）每年配合社会主义建设事业的发展和各种政治运动，举办流动展览会到工矿、建设工地、农村巡回展出。

档案号 164-001-00190 第 17-38 页

资料提供：北京市档案馆

图为第 17、38 页

这队伍就充实了。展览后来还在北京大学流动展出，我既参与内容设计又做讲解员，在北大，展览颇受青年学子的好评。

1965年我和何继旺两人到房山县（现房山区）霞云岭地区征集革命文物，为筹备抗日战争展。正在积极克服困难想方设法征集文物时，被单位召回搞运动。不久，北京市成立文物清理小组[5]，我被调到文物清理小组业务一队，当副队长，搞业务。日常工作就是管理文物库房，拣选文物，然后入库登记。也是一个学习的机会，比如书画、玉杂、陶瓷都有实物看、摸。诸如四王、吴、恽[6]，鸡血田黄，笔墨纸砚，都是在这时候补的课。过去什么是鸡血田黄、冻石、芙蓉石，什么是歙砚、端砚、澄泥砚都搞不清楚，这一看实物就全明白了，大学里讲美术史课也不能这么具体，学校里能看到实物吗？不可能啊！

入库文物我们有看不懂的，文物公司学徒出身的老先生人家那真是几十年积累的经验，他说这件瓷器是成化窑的，那个是汝窑的，你留心的话能学的东西可多了，这就看自己是否认真、虚心听讲了。所以在那个阶段没去搞运动而搞业务，收获不少。我也是比较爱学的，像什么黄二南[7]，什么岭南派[8]，文房四宝里的毛笔这毫那毫，真正是在那时知道的。那对我们年轻人确实是一个很难得的学习文物知识的机会。如今老先生都驾鹤西去了，向真正的古物鉴定专家致敬。

[5] 1966年下半年，首都博物馆筹备处的业务工作停顿。1967年2月13日，北京市古书文物清理小组成立。成员来自北京市文化局、市外贸局、中国书店、文物商店、北京市文物工作队等单位，共10人。同年8月，清理小组迁往东城区府学胡同36号办公。

[6] 四王、吴、恽，即清初王时敏、王鉴、王翚、王原祁、吴历、恽寿平六位画家的合称。也称“清六家”，为清初正统画派代表人物。

[7] 黄二南（1885—1971），曾用名辅周，画家。擅长大写意国画，其舌画堪称一绝。曾任北京市文史研究馆馆员。

[8] 岭南画派，是指广东籍画家组成的一个画派。创始人为高剑父、高奇峰、陈树人，简称“二高一陈”。他们在中国画的基础上融合东洋、西洋画法，自成一格，与当时京津派、海派三组鼎立，成为20世纪主宰中国画坛的三大画派之一。

吴梦麟：

口述人：吴梦麟
第一次口述采集时间：2019年9月25日
第二次口述采集时间：2019年9月27日
口述采集地点：北京市西城区复兴门外大街16号 首都博物馆

我是1961年7月分配到文物工作队的[1]，因为资料室和保管组是合着的——文物工作队1958年成立了以后，它们合署办公——所以我们也没那么有界限，两块牌子，一起工作。我们考古组里头，学考古最早的第一个毕业生就是赵其昌，第二批是苏天钧和于杰，第三批就马希桂[2]、齐心、我。所以在我的头脑里，首都博物馆（筹备处）和文物工作队是一家人。

文物工作队成立得晚，1958年以后，我记得队里的老同志说，他们当时都在北海公园的画舫斋和天王殿两个地方工作。画舫斋就是现在濠濮间旁，他们那拨五十年代的大学生，都在画舫斋上班，然后库房在天王殿。后来五十年代成立了首都历史与建设博物馆筹备处，就在这两个地方。（博物馆筹备）工作是学苏联的，（定位是）历史地志性的。

我1961年来了以后，考古组人说："小吴，你学考古的，那干脆就做'四有'[3]。"1961年公布了第一批全国重点文物保护单位名单，同时公布了《文物保护管理暂行条例》，要求建立科学档案，建立保护标志，确定保护人和保护机构，划出保护范围和影响范围，现在叫建设控制地带。后来我就跟周口店遗址博物馆袁振兴合作，他当时是馆长，刘振阳（谐音）管总务，他们那儿另外有些一般管理人员。我们当时必须得跟古脊椎所[4]一块干，还得在房山，

[1] 1958年1月17日，市文化局从局属事业单位抽调20人，成立文物调查工作队。

[2] 马希桂（1933—　），1961年毕业于北京大学考古专业，一直从事考古、文物和博物馆工作。先后参与和主持北京房山琉璃河商周遗址、元大都遗址和大葆台汉墓等重要考古发掘。筹建北京博物馆学会。1988—1994年任首都博物馆馆长，其间进行全面改革。2003年退休。著有《中国青花瓷》《古瓷器》《元代瓷器》等。

[3] 在前人工作的基础上，1963年4月17日文化部颁发了《文物保护单位保护管理暂行办法》，对文物保护单位应当进行的工作要求中，首先一条便是"为了防止人为的破坏，必须对文物保护单位划定必要的保护范围，作出标志、说明，建立科学的记录档案和组织具体负责保护的人员"。简称"四有"工作。

[4] 古脊椎所，即中国科学院古脊椎动物与古人类研究所，中国唯一专门从事古脊椎动物学、古人类学及相关生物地层学研究的学术机构，主要研究方向是古脊椎动物与古人类两门基础学科。前身是农商部地质调查所新生代研究室，主要从事周口店北京猿人遗址的发掘及化石研究。

房山1958年才从河北归到北京。这个保护范围虽然都是由规划局来划分，但这些具体事都得做。刘振阳（谐音）管一些事务性的事，袁振兴我们就一块编“四有”和科学资料。

094 94

题名：本局关于1960年、六一年市文化工作要点、总结及1962年市文化事业计划

行調整和补充。按照提高創作和演出質量及劳逸安排的要求，每个演出单位的月演出任务：音乐、舞蹈、杂技15场；話劇、戏曲均为20至24场；武戏不超过总场次的1/2；演出总场次要高于1961年（6200场）。演出收入达到400万元，較1961年預計数（357万元）增加12%。

1962年艺术教育工作进一步提高教学質量。北京市艺术学院的机构进一步調整，教职員和設备还需要予以补充。大学部分1962年毕业生157名，拟留校30名，設立进修班；不再招收新生。附中招生85名。1962年北京市戏曲学校增設昆曲班。

戏曲研究工作，在北京戏曲学校戏曲研究室的基础上，1962年建立戏曲研究所。

3、文物事业方面：

革命博物舘、中国历史博物舘和故宫博物院等三个单位1962年上交中央文化部管理。

1962年三个博物舘的中心任务是加强科学研究工作，加强文物整理和标本采集工作，为提高陈列展覽質量奠定基础；着手收集北京市的文物資料，为建立首都博物舘做准备工作。1962年計划陈列展覽6个，流动展覽7个。

1962年加强文物保护工作。修繕云居寺，安装避雷針15处，加强零散文物的收集工作。1962年恢复文物商店門市部3—4处。

4、群众文化工作：

1962年的群众文化工作，区（县）以下专业文化事业不发展，以开展群众业余文化活动为主。区（县）級专业的文化艺术单位加强对群众业余文化活动的业务輔导。

各区（县）巩固提高国家的事业費开支的文化舘（22个）和文

—3—

94

北京市档案馆

北京市文化局关于1960年、1961年市文化工作要点、总结及1962年市文化事业计划

革命博物馆、中国历史博物馆和故宫博物院等三个单位1962年上交中央文化部管理。1962年三个博物馆的中心任务是加强科学研究工作，加强文物整理和标本采集工作，为提高陈列展览质量奠定基础；着手收集北京市的文物资料，为建立首都博物馆做准备工作。1962年计划陈列展览6个，流动展览7个。

档案号164-001-00327第94页

资料提供：北京市档案馆

“首都历史与建设博物馆”筹备处

成立后的筹备处虽经历几次起伏，但工作始终没有停滞，为日后博物馆的建立打下了基础。郭子昇、吕维、薛婕、张宁、刘谨桂、吴梦麟六位亲历者的口述，介绍了筹备处的人员、建构，再现了当年的艰苦奋斗历程。

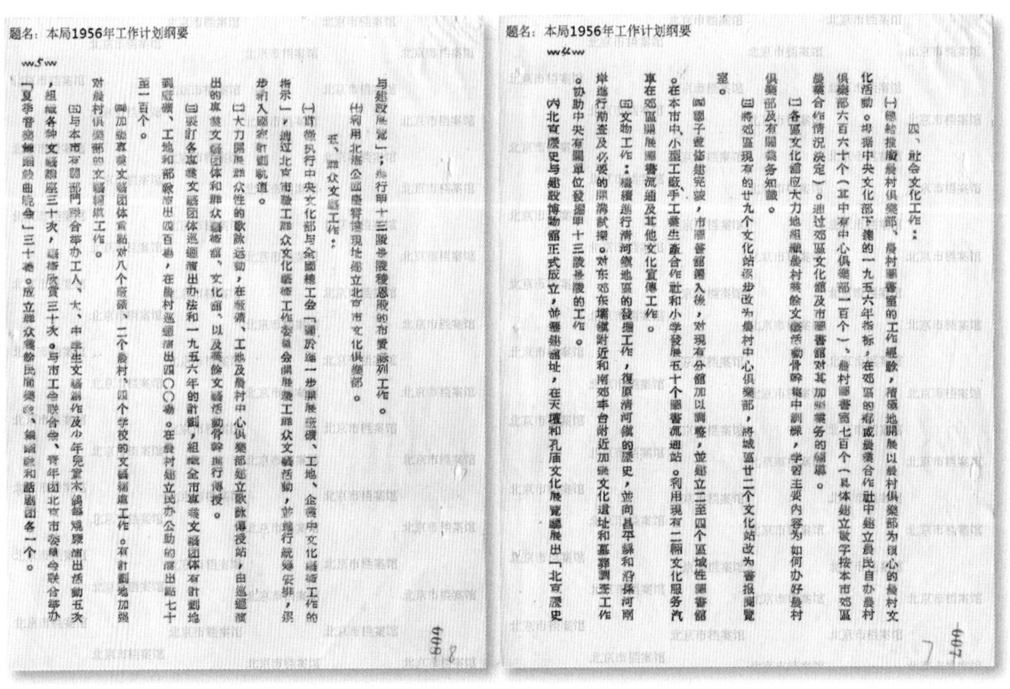

题名：本局1956年工作计划纲要

四、社会文化工作：

㈠总结推广农村俱乐部、农村图书室的工作经验，积极地开展以农村俱乐部为核心的农村文化活动。根据中央文化部下达的一九五六年指标，在郊区的乡或农业合作社中建立农民自办农村俱乐部六百六十个（其中有中心俱乐部一百个）、农村图书室七百个（具体建立数字按本市郊区农业合作情况决定）。通过郊区文化馆及市图书馆对其加强业务的辅导。

㈡各区文化馆应大力地组织农村业余文艺活动骨干集中训练，学习主要内容为如何办好农村俱乐部及有关业务知识。

㈢将郊区现有的廿九个文化站逐步改为农村中心俱乐部，将城区廿二个文化站改为书报阅览室。

㈣国子监修建完竣，市图书馆迁入后，对现有分馆加以调整，并建立二至四个区域性图书馆。在本市中、小型工厂、手工业生产合作社和小学发展五十个图书流通站。利用现有二辆文化服务汽车在郊区开展图书流通及其他文化宣传工作。

㈤文物工作：继续进行清河镇地区的发掘工作，复原清河镇的历史，并向昌平县和沿条河两岸进行勘查及必要的保护措施。对东郊东坝镇附近和南郊丰台附近加强文化遗址和墓葬调查工作。协助中央有关单位发掘明十三陵长陵的工作。

㈥北京历史与建设博物馆正式成立，并迁建馆址，在天坛和孔庙文化展览厅展出「北京历史

题名：本局1956年工作计划纲要

与建设展览」；进行明十三陵长陵祾恩殿的布置陈列工作。

㈦利用北海公园庆霄楼现地建立北京市文化俱乐部。

五、群众文艺工作：

㈠贯彻执行中央文化部与全国总工会「关於进一步开展厂矿、工地、企业中文化艺术工作的指示」，通过北京市总工会群众文化艺术工作委员会开展职工群众文艺活动，并进行统筹安排，逐步纳入国家计划轨道。

㈡大力开展群众性的歌咏运动，在厂矿、工地及农村中心俱乐部建立歌咏传授站，由巡回演出的专业文艺团体和群众艺术馆、文化馆、以及业余文艺活动骨干进行传授。

㈢规定各专业文艺团体巡回演出办法和一九五六年的计划，组织全市专业文艺团体有计划地到厂矿、工地和部队演出四百场，在农村巡回演出四〇〇场。在农村建立民办公助的演出点七十至一百个。

㈣加强专业文艺团体重点对八个厂矿、二个农村、四个学校的文艺辅导工作。有计划地加强对农村俱乐部的文艺辅导工作。

㈤与本市有关部门联合举办工人、大、中学生文艺创作及少年儿童木偶皮影戏演出活动五次，组织各种文艺讲座三十次，艺术欣赏三十次。与市工会联合会、青年团北京市委员会联合举办「夏季音乐舞蹈曲艺晚会」三十场。成立群众业余民间乐队、舞蹈队和话剧团各一个。

北京市文化局 1956 年工作计划纲要

第 7-8 页：四（六）北京历史与建设博物馆正式成立，并迁建馆址，在天坛和孔庙文化展览厅展出“北京历史与建设展览”；进行明十三陵长陵祾恩殿的布置陈列工作。

档案号 164-001-00151 第 4-10 页

资料提供：北京市档案馆

图为第 7、8 页

郭子昇：

我是1957年3月到博物馆的。当时叫首都历史与建设博物馆筹备处，据说是1953年计划成立的，郑振铎、王冶秋、吴晗[1]他们给市里提的意见要成立这个博物馆，这是学苏联的。

它算地志博物馆，有三个基本陈列部，一个叫历史之部，一个叫自然之部，还有一个叫社会主义建设之部。

我1957年到筹备处的时候，北京市有一个文物调查研究

[1] 吴晗（1909—1969），中国历史学家。新中国成立后，任清华大学文学院院长、北京市副市长。生平从事中国古代史研究，对明史研究尤有成就。著有《朱元璋传》《历史的镜子》《史事与人物》《读史札记》等。编有京剧《海瑞罢官》。

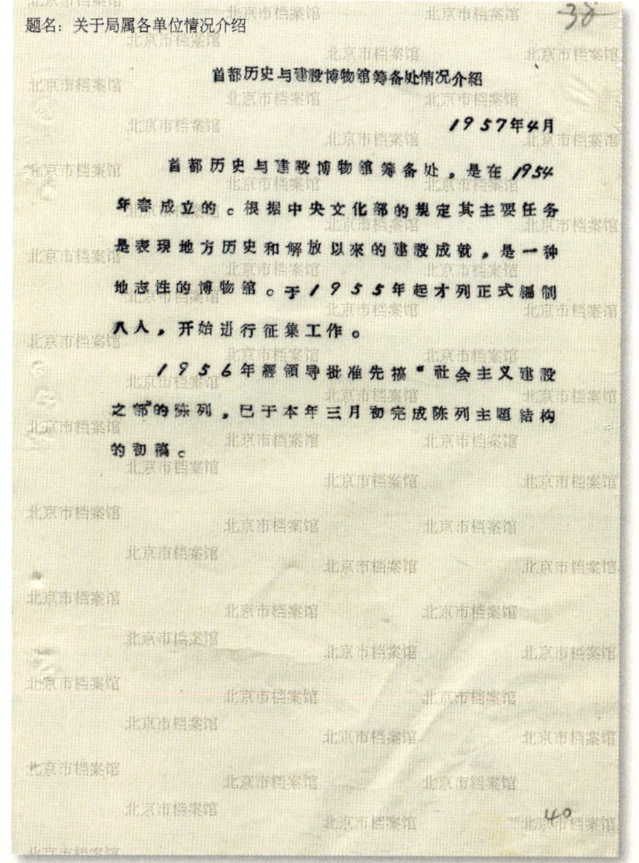

题名：关于局属各单位情况介绍

38

首都历史与建設博物舘筹备处情况介紹

1957年4月

首都历史与建設博物舘筹备处，是在1954年春成立的。根据中央文化部的规定其主要任务是表現地方历史和解放以來的建設成就，是一种地志性的博物舘。于1955年起才列正式編制八人，开始进行征集工作。

1956年經領导批准先搞"社会主义建設之部"的陈列，已于本年三月初完成陈列主题结构的初稿。

40

北京市档案馆

首都历史与建设博物馆筹备处情况介绍　1957年4月

首都历史与建设博物馆筹备处，是在1954年春成立的。根据中央文化部的规定，其主要任务是表现地方历史和解放以来的建设成就，是一种地志性的博物馆。于1955年起才列正式编制八人，开始进行征集工作。1956年经领导批准先搞“社会主义建设之部”的陈列，已于本年三月初完成陈列主题结构的初稿。

档案号164-001-00176第40页

资料提供：北京市档案馆

组，博物馆筹备处和这个组合在一块儿[2]，就是“两个牌子，一套人马”，主任叫朱欣陶[3]，还有一个秘书叫于树功，办公室里大概就这几个人。另外几个组里最大的一个组叫陈列设计组，组长好像是于杰，还有赵迅、赵其昌、苏天钧，还有一个侯堮，这是主要的业务组。另一个是美工组，美工组里一个叫魏群、一个叫刘丕澄，还

[2]首都历史与建设博物馆筹备处1954年2月18日成立后，与北京市文物调查研究组、北京市文史研究馆合署办公。1957年9月，文物调查研究组与首都历史与建设博物馆筹备处分开办公。

[3] 朱欣陶（1898—1985），解放战争时期在北平城内长期潜伏，掩护中共地下电台，配合了北平的和平解放。1956年以后，在定陵博物馆、十三陵特区从事文物工作。

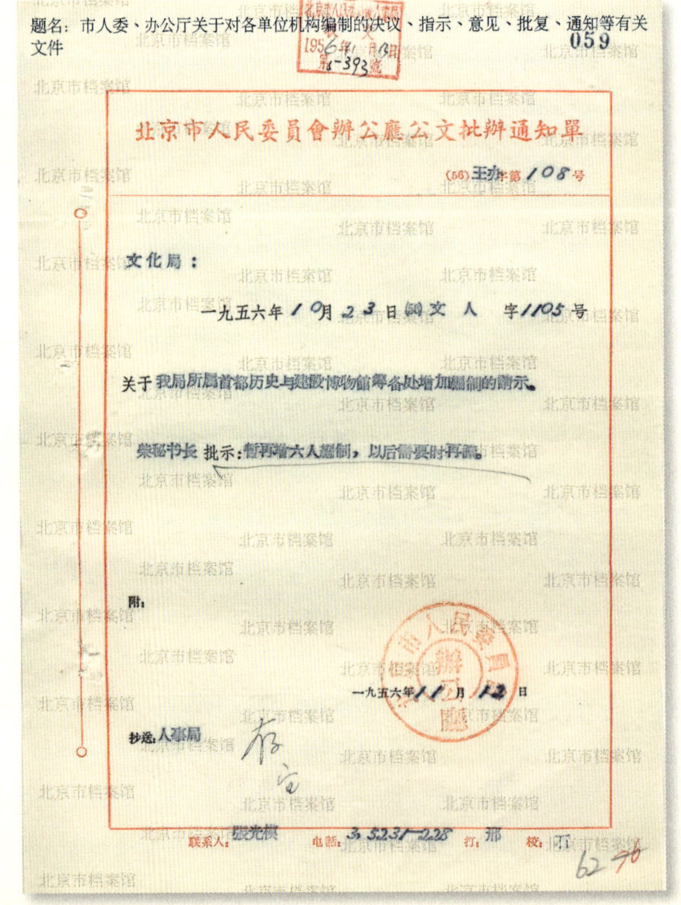
题名：市人委、办公厅关于对各单位机构编制的决议、指示、意见、批复、通知等有关文件

059

北京市人民委員會辦公廳公文批辦通知單

(56)王办字第108号

文化局：

一九五六年10月23日(56)文人字1105号

关于我局所属首都历史与建设博物馆筹备处增加编制的请示。

柴秘书长批示：暂再增六人编制，以后需要时再议。

附：

一九五六年11月12日

抄送：人事局

联系人：张光模　电话：3.5231—228　打：邢　校：丁

62

北京市人民委员会办公厅公文批办通知单（56）王办第108号

文化局：1956年10月23日（56）文人字1105号

关于我局所属首都历史与建设博物馆筹备处增加编制的请示。

柴秘书长批示：暂再增六人编制，以后需要时再议。

1956年11月12日

档案号123-001-00559第62页

资料提供：北京市档案馆

有两个人我记不清了。还有一个是征集组，组长姓李（李庭倩），还有个组员就是我，征集组就我们两人。还有搞总务的，会计叫关玉甫。

一共大概四十几个人。都在北海天王殿办公，还有一部分人在静心斋，我就在那个静憩轩。另外有几个人，是在博物馆工作，不在博物馆拿工资。

我到的时候社会主义建设之部正在筹备陈列[4]，人家陈列大纲已经都写好了，我到那以后被分配到了征集组。后来我对征集这个工作特别感兴趣，为什么呢？因为搞征集工作有个特点：这个工作成绩是看得见、摸得着的，每征集回来一件文物，都有记录是谁拿回来的。一直到了2011年我还在忙着搞征集工作。

我三月份到的筹备处，五月份就开始“整风反右”[5]，一切工作都停了。等到了1958年——1959年是庆祝新中国成立十周年——博物馆能没有点表示吗？就准备在孔庙搞一个“首都十年建设成就展览”，这个成就展览也有意思，各局管各局，那时候我要联系三个局，一个局是财政局，一个是交通运输局，还有一个局记不清了，反正就是联系他们。结果是（展览）请领导审查，一直通不过，最后把万里请了去，那个时候他是副市长。万里说这作为一个内部展览，组织大家看看，就算了。

[4] 全称为“首都社会主义建设时期陈列”。1957年11月15日，由王昆仑副市长邀请各有关单位审定首都历史与建设博物馆筹备处提出的“首都社会主义建设时期陈列计划”。

[5] 1957年4月27日，中共中央公布《关于整风运动的指示》，决定在全党进行一次以正确处理人民内部矛盾为主题，以反对官僚主义、宗派主义和主观主义为内容的整风运动，发动群众向党提出批评建议。“反右运动”为1957年开展的反对资产阶级右派的政治运动。

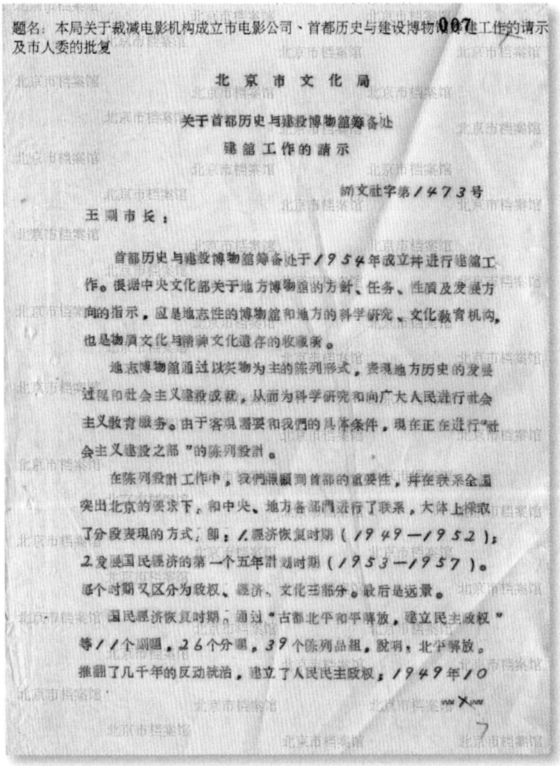

题名：本局关于裁减电影机构成立市电影公司、首都历史与建设博物馆筹建工作的请示及市人委的批复　007

北京市文化局

关于首都历史与建設博物館籌备处建館工作的請示

（57）文社字第1473号

王᠎᠎剛市長：

首都历史与建設博物館籌备处于1954年成立并进行建館工作。根据中央文化部关于地方博物館的方針、任务、性质及发展方向的指示，应是地志性的博物館和地方的科学研究、文化教育机构，也是物質文化与精神文化遺存的收藏所。

地志博物館通过以实物为主的陈列形式，表現地方历史的发展过程和社会主义建設成就，从而为科学研究和向广大人民进行社会主义教育服务。由于客观需要和我們的具体条件，现在正在进行“社会主义建設之部”的陈列設計。

在陈列設計工作中，我們照顾到首都的重要性，并在联系全国突出北京的要求下，和中央、地方各部門进行了联系，大体上採取了分段表现的方式，即：1.經济恢复时期（1949—1952）；2.发展国民經济的第一个五年計划时期（1953—1957）。每个时期又区分为政权、經济、文化三部分。最后是远景。

国民經济恢复时期，通过“古都北平和平解放，建立民主政权”等11个副题，26个分题，39个陈列品組，說明：北平解放，推翻了几千年的反动統治，建立了人民民主政权；1949年10

～1～

7

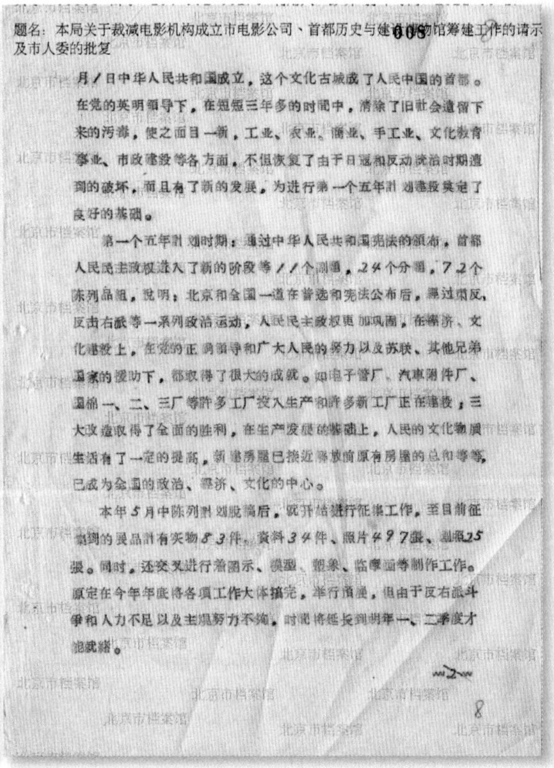

北京市档案馆

题名：本局关于裁减电影机构成立市电影公司、首都历史与建设博物馆筹建工作的请示及市人委的批复　008

月1日中华人民共和国成立，这个文化古城成了人民中国的首都。在党的英明領导下，在短短三年多的时間中，清除了旧社会遗留下来的污毒，使之面目一新，工业、农业、商业、手工业、文化教育事业、市政建設等各方面，不但恢复了由于日寇和反动統治时期遭到的破坏，而且有了新的发展，为进行第一个五年計划建設奠定了良好的基础。

第一个五年計划时期：通过中华人民共和国宪法的頒布，首都人民民主政权进入了新的阶段等11个副題，24个分題，72个陈列品組，說明：北京和全国一道在普选和宪法公布后，經过肃反、反击右派等一系列政治运动，人民民主政权更加巩固，在經济、文化建設上，在党的正确領导和广大人民的努力以及苏联、其他兄弟国家的援助下，都取得了很大的成就。如电子管厂、汽車附件厂、国棉一、二、三厂等許多工厂投入生产和許多新工厂正在建設；三大改造取得了全面的胜利，在生产发展的基础上，人民的文化物质生活有了一定的提高，新建房屋已接近解放前原有房屋的总和等等，已成为全国的政治、經济、文化的中心。

本年5月中陈列計划脫稿后，就开始进行征集工作，至目前征集到的展品計有实物83件、資料34件、照片497張、图表25張。同时，还交叉进行着图示、模型、塑象、临摹画等制作工作。原定在今年年底将各项工作大体搞完，举行預展，但由于反右派斗争和人力不足以及主观努力不夠，时間将延長到明年一、二季度才能就緒。

～2～

8

北京市档案馆

题名：本局关于裁减电影机构成立市电影公司、首都历史与建设博物馆筹建工作的请示及市人委的批复

在筹备工作中还存在一些问题，请领导上协助解决：

1、征集工作是目前工作中最难解决的问题。因为博物馆主要是需要征集实物展品，而必须征集的实物展品，为了节约国家开支，原则上是不给代价的。目前，在征集工作中有些单位，尤其是工业厂矿方面表示没有市委指示，不考虑供给我们必须的展品。因而需要市委和市人委在征集工作上，给予有力的支持，使展品获得顺利解决。

2、博物馆现有业务人员仅设计三人、征集四人、美工七人（共十四人），难以全面开展工作。如前的编制（34人）不予批准，则现有人力实难完成任务；同时博物馆至今还没有专职领导（馆长），为了搞好工作，应早日予以调配。

以上情况和意见，是否妥当，请指示。

1957年8月22日

抄送：市人民委员会办公厅

联系人：梁丹 电话：3,6012

北京市档案馆

北京市文化局关于首都历史与建设博物馆筹备处建馆工作的请示

（57）文社字第1473号

首都历史与建设博物馆筹备处于1954年成立并进行建馆工作。根据中央文化部关于地方博物馆的方针、任务、性质及发展方向的指示，应是地志性的博物馆和地方的科学研究、文化教育机构，也是物质文化与精神文化遗存的收藏所。

联系人：梁丹

1957年8月22日

档案号164-001-00178第7-9页

资料提供：北京市档案馆

吕维：

（二十世纪）六十年代初，齐心、吴梦麟、马希桂他们从北大毕业后被相继分配到文物工作队，文物组的人员队伍就逐渐壮大起来了。资料组的人员主要有何显华、唐泽润、蔡淳、王惠珍、鲁琪和刘精义。保管组有高桂云、李庭倩、庄芬玲等。征集组有郭子昇，但他好像在资料室或保管组办公。人员虽然不多，但大家和谐相处，彼此之间没有什么矛盾。男同志一般外出做墓葬，苏天钧和郭仁外出较多，外出都是很清苦，但非常快乐。

在我负责调查平津战役及北平和平解放谈判这段历史期间，我还访问过亲身参加过平津战役及北平和平解放谈判全过程的苏静[1]中将和王朝刚大校。为了仔细了解北平和平解放的全过程，我在第四野战军战史资料室看了整整两个月的有关资料，其中有毛主席给林彪和聂荣臻的来往电文以及他们之间的讨论记录的原文，以及毛主席亲笔写的有关攻打北平的战略战术，应该找国民党方面什么人谈判，我方怎样部署，细节甚至包括炮弹应该落在哪里，哪里绝对不能打炮等。我记得最清楚的是，毛主席指示，所有的文化古迹均严禁误打，所以后来傅作义的部队都躲进故宫里面，以保存其实力。记得我当时在查阅这段历史资料时，心里非常感动，感到毛主席真是太伟大和细心了，连炮弹落在哪里都有具体指示，真了不起。

我在首博工作的22年间，下放到农村就有四次。第一次是刚到首博报到不久，就被下放到门头沟平王镇色树坟村。第二次下放是到北京大红门外的南苑农场。第三次是我们和北京评剧团下放到南口农场，整整一年，我们20多个女同志住在一个大房间里，没有床，在地上铺上稻草，上面铺上各

[1] 苏静（1910—1997），曾用名苏孝顺，福建省海澄县人。1932年参加县红军游击队，1936年加入中国共产党。1955年授予中将军衔。

人的被褥，我还有幸和著名的评剧演员，后来成为著名小品演员的赵丽蓉同住一屋。第四次也是最后一次下乡是到密云县（现密云区）溪翁庄搞了近一年的“四清运动”，直到1966年“文革”开始后撤回。

六十年代初曾经传来一个大好的消息，说北京市决定把北海后门对面的一块“三角地”给首博筹备处，让筹备处在那里建设新的“首都博物馆”。那块地我现在想起来大概有三四亩，因为我在农村劳动过，我知道一亩大小的概念。它在筹备处对面，那块地是空的，再往北就是郭沫若他们那些房子。当时觉着这块地给博物馆还是合理的，在地安门。我们都特别高兴，我们说现在我们有家了，本来是寄居人家底下，现在有家了，我们就盼着，这个消息可把我们高兴坏了，天天牛气冲天地谈论着首博的未来，但几年过去了，建首博之事一直渺无音讯，这事也就吹了。

薛婕：

我是1964年6月份，分配到当时的北京市文物工作队和首都博物馆筹备处，在北海公园的后门。我去的时候十九岁，在会计学校学了一年，是北京图书发行职业学校会计班。当时分到那儿算是会计，在行政科工作。但是实际也没有承担主要的会计任务，因为当时还有老会计、出纳，我等于就实习生似的，跑跑颠颠，行政科有点什么事，我就帮着办一些。常见的就是来访人员的安排、接送。再有，当时整个国家的条件还是比较艰苦，只有文物工作队和筹备处的领导办

口述人：薛婕
曾用名：薛淑芳
第一次口述采集时间：
2019年9月3日
第二次口述采集时间：
2019年9月11日
口述采集地点：北京市西城区复兴门外大街16号 首都博物馆

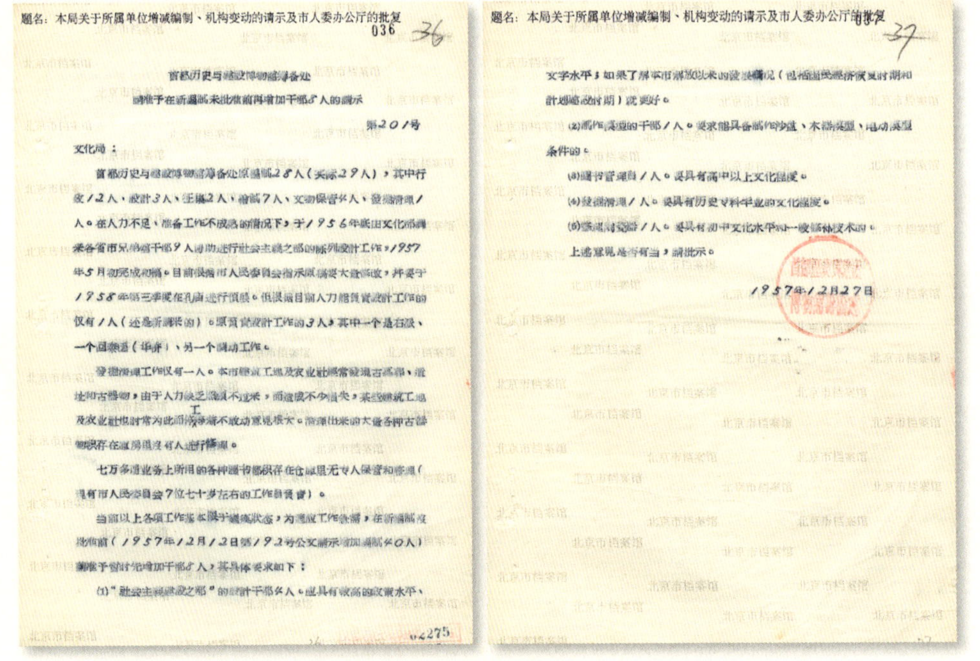

题名：本局关于所属单位增减编制、机构变动的请示及市人委办公厅的批复 036 36

首都历史与建设博物馆筹备处
请准予在新编制未批准前再增加干部8人的请示

第201号

文化局：

首都历史与建设博物馆筹备处原编制28人（实际29人），其中行政12人、设计3人、征集2人、绘画7人、文物保管4人、发掘清理1人。在人力不足、准备工作不成熟的情况下，于1956年底由文化部调来各省市兄弟馆干部9人协助进行社会主义之部的陈列设计工作，1957年5月初完成初稿。目前根据市人民委员会指示原稿要大量修改，并要于1958年第三季度在孔庙进行预展。但根据目前人力能负责设计工作的仅有1人（还是新调来的）。原负责设计工作的3人，其中一个是右派、一个回乡（毕业）、另一个调动工作。

发掘清理工作仅有一人。本市建筑工地及农业社经常发现古墓葬、遗址和古器物，由于人力缺乏照顾不过来，而造成不少损失，业经建筑工地及农业社也时常为此而停工等待不敢动意见很大。清理出来的大批各种古器物现存在库房里没有人进行修理。

七万多册业务上所用的各种图书都积存在仓库里无专人保管和整理（现有市人民委员会7位七十岁左右的工作者负责）。

当前以上各项工作基本陷于停顿状态，为适应工作需要，在新编制没批准前（1957年12月12日第192号公文请示增加编制40人）请准予暂时先增加干部8人，其具体要求如下：

(1)"社会主义建设之部"的设计干部4人。应具有较高的政策水平、

02275

题名：本局关于所属单位增减编制、机构变动的请示及市人委办公厅的批复 037 37

文字水平；如果了解本市解放以来的建设情况（包括国民经济恢复时期和计划建设时期）就更好。

(2)制作模型的干部1人。要求能具备制作沙盘、木制模型、电动模型条件的。

(3)图书管理员1人。要具有高中以上文化程度。

(4)发掘清理1人。要具有历史专科毕业的文化程度。

(5)修理古器物1人。要具有初中文化水平和一般修补技术的。

上述意见是否有当，请批示。

1957年12月27日

首都历史与建设博物馆筹备处请准予在新编制未批准前再增加干部 8 人的请示

首都历史与建设博物馆筹备处原编制 28 人（实际 29 人），1957 年 12 月 27 日

档案号 164-001-00195 第 36-37 页

资料提供：北京市档案馆

公室有一台电话，再就是传达室有一台电话。我年轻嘛，所以就传达室一来电话了，“快点小薛，送电话去——”我就一路小跑去。就好比说是来找你的，你那儿没有电话，但是工作关系还是需要接电话，我就得跑着，到你那个办公室去，说“有您的电话”。所以当时我的身影跑在院子里头，也是给他们带来一点青春活力，因为只有我年岁最小。

当时筹备处在编人员的工资表上是11个人：梁丹，他是首都历史与建设博物馆筹备处的主任，还兼北京市文物工作队的副主任。人事干部叫章玲，还有赵其昌、吕维、齐心、何继旺、张宁、袁世贵、梁旭毅、周文琪、马桂英。季华、刘谨桂1965年由人民大学分配过来。我不是在会计室嘛，所以这记得很清楚，11个人。当时的文物工作队是43个人。

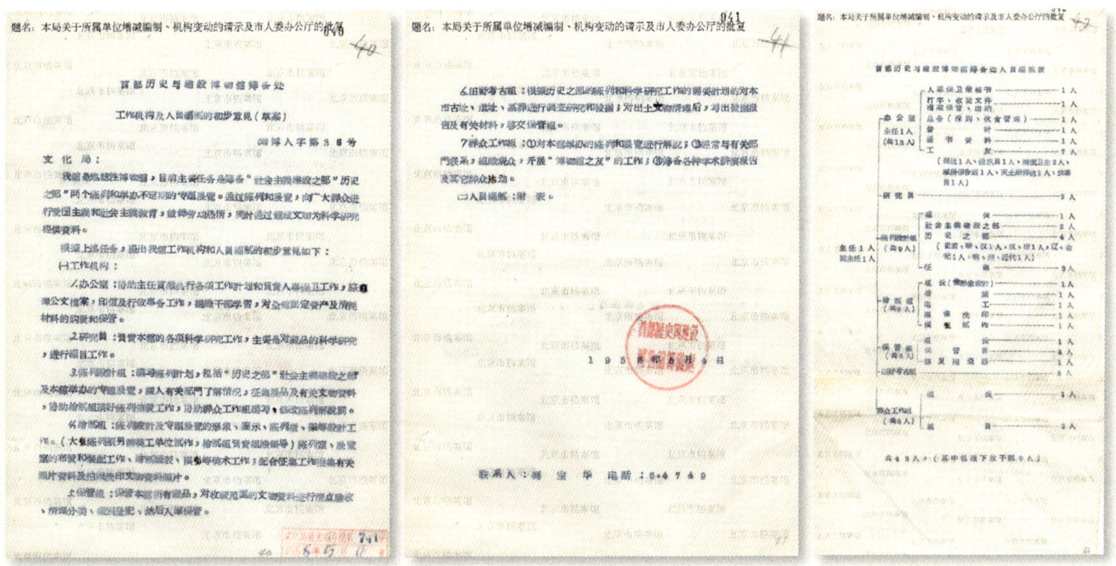

题名：本局关于所属单位增减编制、机构变动的请示及市人委办公厅的批复

首都历史与建设博物馆筹备处

工作机构及人员编制的初步意见（草案）

(58)博人字第38号

文化局：

我馆是地志性博物馆，目前主要任务是筹备“社会主义建设之部”“历史之部”两个陈列和举办不定期的专题展览。通过陈列和展览，向广大群众进行爱国主义和社会主义教育，鼓舞劳动热情，同时通过馆藏文物为科学研究提供资料。

根据上述任务，提出我馆工作机构和人员编制的初步意见如下：

(一)工作机构：

1.办公室：协助主任贯彻执行各项工作计划和负责人事保卫工作，[illegible]理公文档案，印信及行政事务工作，组织干部学习，对全馆固定资产及消耗材料的购置和保管。

2.研究员：负责本馆的各项科学研究工作，主要是对藏品的科学研究，进行编目工作。

3.陈列设计组：编写陈列计划，包括“历史之部”“社会主义建设之部”及本馆举办的专题展览，深入有关部门了解情况，征集展品及有关文物资料，协助绘制组搞好陈列布展工作，协助群众工作组编写、修改陈列解说词。

4.绘制组：陈列设计及专题展览的形象、图示、陈列柜、展架设计工作。（大型陈列须另请施工单位制作，绘制组负责组织领导）陈列室、展览室的布置和装配工作、绘画装裱、摄影等技术工作；配合征集工作搜集有关照片资料及拍摄洗印文物资料照片。

5.保管组：保管本馆所有藏品，对收藏范围的文物资料进行清点验收、消毒分类、编目登记，然后入库保管。

6.田野考古组：根据历史之部的陈列和科学研究工作的需要计划的对本市古址、遗址、墓葬进行调查研究和发掘；对出土文物清理后，写出发掘报告及有关材料，移交保管组。

7.群众工作组：①对本馆举办的陈列和展览进行解说；②经常与有关部门联系，组织观众，开展“博物馆之友”的工作；③筹备各种学术讲演报告及其它群众活动。

(二)人员编制：附表。

1958年5月[illegible]日

联系人：薛宝华 电话：5·4749

首都历史与建设博物馆筹备处人员编制表

主任1人 副主任1人

- 办公室 主任1人（共13人）
  - 人事保卫兼秘书 1人
  - 打字、收发文件、档案保管、出纳 1人
  - 总务（采购、伙食管理） 1人
  - 会计 1人
  - 图书资料 1人
  - 工友 7人
- 研究员 [illegible]
- 陈列设计组（共9人）
  - 组长 1人
  - 社会主义建设之部 2人
  - 历史之部 4人
- 绘制组（共5人）
  - 组长 1人
  - 电工 1人
- 保管组（共5人）
  - 组长 1人
- 田野考古组 [illegible]
- 群众工作组
  - 组长 1人
  - 组员 2人

共43人

首都历史与建设博物馆筹备处工作机构及人员编制的初步意见（草案）

(58)博人字第38号

我馆是地志性博物馆，目前主要任务是筹备“社会主义建设之部”“历史之部”两个陈列和举办不定期的专题展览。通过陈列和展览，向广大群众进行爱国主义和社会主义教育，鼓舞劳动热情，同时通过馆藏文物为科学研究提供资料。

附首都历史与建设博物馆筹备处人员编制表

档案号164-001-00195第40-42页

资料提供：北京市档案馆

市属文艺系统无条件执行毛主席的最新指示

本报讯　北京市属文化艺术系统的无产阶级革命派和革命群众，坚决执行毛主席的最新指示，以“只争朝夕”的革命精神，掀起了革命大联合的新高潮。到发稿时为止，已有北京市文化局、北京人民艺术剧院、北京文工团、长征文工团、北京京剧二团、中国评剧院、中国木偶剧团、东方红京剧团、风雷京剧团、北京青年河北梆子剧团、群声河北梆子剧团、海淀评剧团、首都图书馆、首都博物馆筹备处文物工作队、自然博物馆、鲁迅博物馆、北京市新华书店、中国书店、北京外文书店、文物商店、北京市电影发行公司、北京市电影机修配厂、北京市印刷公司等单位实现了革命的大联合。

大联合的东风吹到了市卫生系统

本报讯　首都卫生系统的无产阶级革命派和广大革命群众，在首都工人阶级革命大联合新高潮的鼓舞下，急起直追，紧紧跟上毛主席的伟大战略部署，不折不扣地执行毛主席的最新指示，最坚决、最迅速地实现革命的大联合。到昨天（二十一日）晚上八点为止，已经有市卫生局、北京医院、北京反帝医院、北京中国反修医院、北京医学院第一附属医院、中医研究院西苑医院、市宣武医院、市儿童医院、市红卫医院、市妇产医院、市天坛医院、市第六医院、市建筑工人医院、丰台区医院、永定路医院、市药品检验所等六十九个单位实现了革命的大联合。

市教育局和城区教育局实现革命大联合

本报讯　市教育局和城区的教育局革命职工，以“只争朝夕”精神铲除“山头”，横扫“派性”，无条件地执行毛主席的最新指示，先后在二十、二十一日实现了革命大联合。他们决心团结起来，开展革命大批判，结合本单位斗批改，斗倒党内一小撮走资本主义道路当权派；抓革命，促工作，做好新学年的招生等教育行政工作。

《革命大联合喜讯》

《北京日报》1967年9月22日

资料提供：首都图书馆

当时还没有北京市文物局，首都博物馆筹备处和北京市文物工作队，都隶属于北京市文化局，包括中国书店、新华书店都属于北京市文化局。1965年密云县“社教运动”[1]的时候，袁世贵、张宁还有我，我们三个人去的“四清”工作队，地点就是密云。他们两个是当年毕业的大学生，我是刚参加工作的小会计。去了前后一年的时间，如果没有“文化大革命”，像我们这些年轻人就转到下一拨，要到内蒙古去做“四清”工作。结果呢下一拨没信了，接着就“文化大革命”了。

“文革”一开始，是突然把保管部的工作给放大了，人手就不够了，开始满世界找人。比如我们同龄的人有文物班

[1] 即“四清运动”。

的、文物商店的，包括像张如兰[2]、秦公[3]他们文物班的这些人，像搞考古的黄秀纯[4]，还有中国书店搞善本的叫吴元贞，就是年轻的，能骑自行车的都抽调过来了，都介入到了这个文物清理小组。后来到文管处，文物商店变成文物公司。最后才成立了首都博物馆，有的人回了原单位，有的人就没进入到咱们这个博物馆来。

真正博物馆业务的全面恢复是在1981年以后，此前受条件限制，只是部分地开展了一些业务。我记得，当时的组织情况是这样：负责博物馆工作的主要是梁丹同志、赵其昌先生、齐心先生，以及从党校调来的周文琪先生，会计是我，还有一个人叫何继旺，后来又调到外地了。还有一个老同志叫李庭倩。当时在北海后门的机构大概是这样：一个是考古队，有那么五六个人；一个是博物馆，有四五个人；还有一个资料室，就是负责图书资料和文物的保管。当时考古队也就是文物工作队，和博物馆不分家的。后来博物馆是博物馆，考古队是考古队。现在看来有利有弊，利就是如果不分家，好比这博物馆要文物，考古队的文物就能顺理成章地交给首都博物馆了；弊呢，一分家以后，像考古所的文物首博想补充来，有时候不是百分之百就能够支援的，这就是历史造成的问题了。

[2] 张如兰（1946— ），文物鉴定专家。1963年毕业于北京市文物鉴定专业学校。1993年起任北京市文物出境鉴定所副所长，负责北京地区的文物出境、司法案件各项文物鉴定工作及各拍卖公司的文物鉴定工作。

[3] 秦公（1943—2000），文物鉴定专家。1963年转入北京文化局系统所属的文化艺术干部学校，进入文物鉴定班。曾任北京市文物公司总经理、国家文物鉴定委员会委员等职。在职期间征集的《玉版十三行》、宋拓《长沙帖》等，被作为国家一级文物藏于首都博物馆。

[4] 黄秀纯（1945— ），北京市文物研究所副研究馆员。20世纪70年代参与元大都遗址考古发掘。1970年初，接到一铁路工人反映，称旧鼓楼大街豁口发现了青花白地的瓷器，和于杰同志一同前往发掘，后将这些瓷片进行粘对，发现有十几件元青花瓷器。其中包括现藏于首都博物馆的元景德镇青花凤首扁壶。

张宁：

口述人：张宁
曾用名：张统山
第一次口述采集时间：2016年11月8日
第二次口述采集时间：2019年9月3日
口述采集地点：北京市西城区红莲北里 家中

我是1964年8月底，由郑州大学毕业以后，直接分配到首都博物馆筹备处工作。1965—1966年先后在通县、密云县搞“四清”，1966年下半年，“文化大革命”一开始，当时社会很乱，说首都博物馆（筹备处）是“黑单位”，就解散了。解散以后，业务什么的都停了。

（1968年）从北海后门到了府学胡同以后，我就接触到一些业务了。表面上是叫文物管理处，下面又分几部分：一部分负责接待，接待组一个叫孙学海[1]，他原来是文物商店的；有一个后来调到清华大学了，叫吕维；还有一个人叫闪淑华，但主要负责人是吕维。还有一大部分人负责库房管理和登记文物，因为查抄物很多，库房得管理、得登记呀，这也是一个业务。而我的业务，在当时有个第三队，是负责考古的。那时候博物馆没有开展业务，我考古也算接触到一点业务了，当然也不多，就是这样。

约1970年，我到北京市文物出口鉴定组当组长，当时文物出口鉴定组隶属于文物管理处。它当时的任务，一个是每星期五，鉴定组要有两个人到建国门外的友谊商店值班，配合北京海关工作，比如华侨啦、外国人啦，要带着他在中国收集的文物回国，鉴定组的人负责看他的文物，根据国家政策能不能出口。如果能出口，给他打上火漆，开一个证明，海关凭这就放行了。如果文物不能出口，就不会给他办手续。再一个日常工作是去琉璃厂，去文物商店和那些门市店，察看他们要买卖的文物。那些文物也有不能出口的，能出口的也得给它办手续。还有荣宝斋，甚至还去信托商店。信托商店它也经营古玩，有些东西也不能随便卖。还有一个任务，就是每星期要去通县三间房，那有一个北京市工艺品

[1] 孙学海（1926—2020），文物鉴定专家，国家文物鉴定委员会委员、北京文物鉴定委员会常务委员。曾在琉璃厂的古董店做学徒。1960年，被调到北京文物商店业务科，主要任务是收购文物和审查文物价格。“文革”期间保护了大量文物。

1966 年“四清”工作时，中共北京市委通县胡各庄分田大营大队工作队离开小营村前与干部群众合影

第一排左五袁世贵，第三排右五张宁

资料提供：张宁

公司的仓库。工艺品公司也对外国卖文物，它要卖的文物都得我们去检查，哪些能卖哪些不能卖，那个工作量也很大。

组员我记得有五六个人吧，有王志敏、刘秀华、孔繁峙三个年轻人，还有三个老人，搞瓷器的孙会元[2]、搞玉器杂项的傅大卣[3]、搞书画的李孟东[4]。我和王志敏、三个老人，每星期去那库房看。有一件事我必须强调：正是因为工艺品公司有大量的文物，经过我们检验，很多不能出口的，后来国家采取征购文物的办法，给一定的钱，把东西都归了文物部门。因为这个，使首都博物馆的文物大量增加了，这是一个很重要的文物来源。

[2] 孙会元（1913—1999），陶瓷鉴定专家。

[3] 傅大卣（1917—1994），曾任国家文物鉴定委员会委员、国家文物局流通文物专家组成员、中国历史博物馆文物鉴定顾问、故宫博物院文物鉴定顾问等。

[4] 李孟东（1913—1988），学徒出身，曾在琉璃厂东街开设“二孟斋”古玩店，与刘九庵、苏庚春、王大山并称为“琉璃厂四大鉴定家”。公私合营后进入北京工艺品公司，其后在北京文物商店工作，是北京市文物局鉴定组成员。

刘谨桂：

口述人：刘谨桂
口述采集时间：2019年9月4日
口述采集地点：北京市东城区张自忠路3号院 家中

我是1965年7月份从中国人民大学近现代史专业毕业，然后分配到首都博物馆筹备处。我是工作一段时间后，作为调干生[1]去上学的。我们那个时候，学制是五年。

我记得是8月14号去筹备处的，为什么记得这个，是我当时在家也没事，就想着报到去吧，报完到以后再休息吧。我就跟我先生说："我去报到去吧，在家也没事。"他说："那你去报到去吧，看看你们单位什么样子。"我说："对，我9月1号再去上班。"就这么想的，好像要开学似的。我去了以后，就给我一个桌子，说："你就在这工作，明天就来吧。"他们那时候叫我小刘，我也不好意思说9月1号再来，我胆子小也不敢说，于是第二天我就来上班了。我怎么记得是14号呢，因为后来发了一个月的工资。我就说："我14号来的，怎么给了我一个月的工资？好像不应该给那么多。"当时挺单纯嘛，觉得不应该给那么多。人家说："你14号来了，就算半个月。"我说："工作一天就算半个月？"他说："是，这是规定。"我说："那我占便宜了。"就是这样，所以我记得这个时间。我当时还是按照大学毕业的工资，48还是46块钱一个月，就是那个标准吧。我上大学前虽然工作了，但是工作时间短，不够拿调干助学金的标准，所以我在学校里就拿了青年学生最高助学金的标准，一个月15.5块，这个我记得，拿了五年。以那时候的生活水平，足够了。

当时，首博筹备处办公地点在现在的北京文物研究所那里。梅村[2]是（首都博物馆）筹备处的书记，梁丹是主任。报到以后我就分配在筹备处的陈列组，人很少，组长叫周文琪，他是从中国革命博物馆调来的，组员一个叫梁旭毅，一

[1] 从1953年开始，凡是国营企业、事业单位和机关、团体以及中国人民解放军系统的正式职工，经组织上调派学习或经本人申请组织批准离职报考中等专业学校和高等学校的，都称调干生。

[2] 梅村（1921—2010），1940年参加革命工作，先后在延安自然科学院、延安大学、抗日军政大学、晋冀鲁豫军大、春华北军大工作，于1964年5月转业至北京市文物工作队担任支部书记、副主任，1981年11月任首都博物馆副馆长。

001

题名：北京市文化局1967年出版、文物和博物工作的初步打算

1967年出版、文物和博物工作的初步打算

1967年出版、文物和博物工作，在无产阶级文化大革命胜利的基础上，高举毛泽东思想的伟大红旗，用毛泽东思想武装我们的头脑，用毛泽东思想统帅一切工作，把出版文物工作推向一个新的阶段。明年出版文物工作总的是调整提高，突出政治，提高质量，调整事业，明确方向，更好地为工农兵服务，为社会主义服务。各个方面的方针和任务是：

一、印刷工作方面：

(一)大力突出政治，活学活用毛主席著作。各厂工人、干部必须把学习毛主席著作放在首位，用毛泽东思想改造人们的思想，用毛泽东思想统帅一切工作，抓人的思想革命化，把活学活用毛主席著作推向一个新的高潮。

(二)对现有人员、设备要充分利用，适当调整。

1.根据本市现有印刷设备生产能力与生产任务的情况原则上不发展。生产设备可做适当更新，一般不再增添新设备。

2.印刷一厂轮转机车间建成投产后，印刷生产能力将有很大增加，人员不拟增加。轮转机与平台机（包括米利机）应是一套人员，根据生产任务的情况来确定两类机器的停开。

3.结合备战将一部分生产设备充实郊区、县印刷厂。

(三)加强技术训练、平衡生产能力：

1.响应关于"全国各行各业都应办成毛泽东思想的大学校"的号召，结合我们印刷行业的特点，排、印、装经常发生由于活件品种变化而造成生产力的不平衡。要从根本上解决这一矛盾，必须是培训技术上的多面手，在有条件的工人中（青年及中年）根据生产需要学会和掌握两門

—1—

003

题名：北京市文化局1967年出版、文物和博物工作的初步打算

三、文物工作方面：

1.文物商店是专业文物的企业单位，它的任务为：經营能出口文物，設二、三个专为外宾服务的門市部，設一个內部門市，为博物館和学术研究单位以及有关人員服务，銷售不能出口文物。經过这样的調整，文物商店可較大的紧縮机构精簡人員。

2.文物工作队其基本任务不变，但需加以調整，加强革命文物的搜集和保护，清理仓庫，明确业务方针和指导思想。

3.文物商店和文物工作队能否合併，待进一步研究。

四、博物館工作方面：

1.撤消首都博物館筹备处。

2.建议将自然博物館上交、中央有关部門管理。

3.鲁迅、定陵博物館修改陈列，[illegible]开館。

1966年11月1日

北京市文化局1967年出版、文物和博物馆工作的初步打算

四、1：撤销首都博物馆筹备处 1966年11月1日

档案号164-002-00128第1-3页

资料提供：北京市档案馆

图为第1、3页

个叫何继旺，他是浙江慈溪人，大概是“文革”前吧，调回去了。一个叫季华，我和季华是一道来的。一个叫齐春芳，现在叫齐心，我们年龄都差不多。还有一个叫王慧儒，到孔庙以后，一九八几年她调到清华大学去了，现在叫吕维。人事干部是章玲。

那个时候是两个单位合署办公：北京市文物工作队和首都博物馆筹备处两块牌子合署办公。我刚来的时候，纪念“一二·九”运动三十周年的展览正在布展和准备开展后的讲解。组长让我参加布展，熟悉展览内容，编写讲解词，展出后参加讲解。1965年12月9日，展览在北海天王殿正式展出。我整个冬天就在展室里讲解。这是我初步接触博物馆的业务。1966年3月份开始，要搞一个抗日战争展览，叫“抗日战争在平西、平北”，我们分兵去平西、平北征集文物，等回来之后，城里已经“文革”了，业务就停了。

吴梦麟：

我记得1963年筹备处那是梁丹他们，还有郭子昇，原增信管总账，我们保管组里头有几个老同志。现在首都博物馆的季华、刘谨桂、袁世贵、张宁，他们都是1964年以后来的，所以1963年时没有他们……我觉得老同志里，除原来保管组和资料室的一些人，搞陈列的人都比较晚。

1963年以后就可能是第二次筹备了，周文琪是“文革”前来的，他夫人（诸良如）在资料室当组长，他是陈列组的组长，他们俩都是从革命博物馆调来的。后来王慧儒（即吕维）和齐春芳（即齐心）、赵其昌，还有何继旺、袁世贵、张宁、刘谨桂、季华、马桂英，他们这算首都博物馆筹备处的人。我在文物工作队考古组。在外省都是博物馆里头含着考古，咱们这是分开的。到了“文革”期间，军代表不承认首都博物馆（筹备处），承认文物工作队。后来文物清理小组、文物工作队合成了文物管理处，首都博物馆（筹备处）也合进来了。但是军代表老说不承认首都博物馆（筹备处），不知道为什么。所以这早期的事我不敢说，因为不了解。但是呢，首都博物馆（筹备处）跟文物工作队它始终是合署办公的。

1963年记得在大慈真如宝殿[1]，我还当过讲解员。1964年，（北京市文物工作队）考古组被安排研究寺庙经济，有于杰、赵其昌、赵迅、我、李国恩（即李玮），还有王慧儒（即吕维）。我跟赵其昌一组。这就是混队了。那会儿首都博物馆也没正式挂出什么牌子来。就是一块出去。我们到磁家务煤矿，我还戴着矿灯，围着白毛巾，向工人阶级学习。还访问过参加过抗日战争的人员的家属，我们都住在村里头，每天还给扫地，往水缸里打水，我在李大娘家住。还有

[1] 大慈真如宝殿位于北海公园内，即天王殿中院正殿。整体建筑的木结构全部采用金丝楠木所建，黑琉璃筒瓦黄剪边重檐四坡顶，面阔五间，是我国现存明代建筑中的精品。

就是万佛堂、孔水洞，第一次去就是试探，看看，进不去。后来1972年那次才进去了。

首都博物馆（筹备处）搞展览，我们文物工作队也派人干。周文琪来了以后不久，我们搞“一二·九”展览[2]、搞抗日战争展览[3]，这都是周文琪管的，我都参与了。“一二·九”展览我当的是讲解员，1965年12月9号开展。当时从文物工作队调一些人参与征集文物，我被调出来，跟梁旭毅，他从近代史所调来的，在周文琪领导之下，在陈列部。我们两个人负责工厂的调查。还有到农村的，刘谨桂他们是到大海坨，赵其昌他们都去农村那。我和梁旭毅是到二七车辆厂、琉璃河水泥厂，还有南口机车车辆厂调查。我们还征集回来一些文物，好像在南口机车车辆厂，那儿有我们中国工人上下班用的出勤卡，好像是征集回那么一件东西来。还征集过二七厂的工人们反抗日本人侵害时使用的东西。后来到“文革”了，在1969年、1970年，我代表文物工作队去参加“无产阶级文化大革命出土文物展览”[4]，我和何显华当讲解员，算北京的，还筹备北京地区出土文物展览。再后来首都博物馆又要筹备了。

[2] 1965年12月9日，首都博物馆筹备处在北海天王殿举办“‘一二·九’运动三十周年纪念展”。

[3] 为筹办“抗日战争在平西、平北”展览，进行革命文物征集工作。此展览并未展出。

[4] 即“无产阶级文化大革命期间出土文物展览”。

开馆前的准备

20世纪70年代，首都博物馆筹备处建制得到恢复，建馆工作再次启动，文物整理、库房搬迁、工作环境等基本条件不断推进和改善。直至1981年10月1日，经过长达28年的准备，首都博物馆正式宣告成立，迎来第一名参观者。经历了此期工作的刘谨桂、薛婕、王志敏、吕维、齐心、郭子昇、刘长工、张宁八位老同志对这段历史进行了口述，回忆了博物馆筹备最后阶段的激动时刻。

刘谨桂：

我们1968年搬到府学胡同36号[1]了。搬到这来以后，文物管理处有军宣队[2]，有个女的叫常凯，还有个老人叫万海亭。那个老同志挺好的，政策水平比较高，不那么乱来。在文物管理处期间，我还进行过革命文物、革命遗址的调查研究工作。1976年《红旗》杂志发表《重视革命文物》一文，第几期忘了。文管处领导对此很重视，成立了革命文物小组，成员有王瑜瑄和我，设在三队。当时三队队长是赵学勤。不久，革命文物小组独立出来，增加了袁世贵、梁旭毅、梁志成、吴元贞，组长是袁世贵，在36号院海棠院西屋办公。

我们调查过毛泽东同志早期在北京从事革命活动的住所有几处：第一处是东城区景山东街三眼井吉安所左巷8号，那是1918年毛泽东为组织湖南青年赴法勤工俭学来京，经蔡元培校长介绍，在北大图书馆李大钊先生手下，做阅览

[1] 府学胡同36号，1966年以前归北京市东城区党校。1967年为北京市古书文物清理小组，后改为北京市文物管理处，现为北京市文物局所在地。

[2] 即“解放军毛泽东思想宣传队”的简称。

1971 年 12 月，刘谨桂在府学胡同 36 号院值班时，在会议室前面与二儿子合影

资料提供：刘谨桂

室登录阅览人姓名的工作时的住所。月薪8块大洋[3]，解决了他在京的生活所用。第二处是东城区豆腐池胡同15号，当时是毛泽东的老师杨昌济的住所。杨老师先来京在北大任伦理学教授，毛泽东和蔡和森刚来北京时先住在这里，也是杨教授让毛泽东去北大找的蔡校长安排的工作。第三处是西城区北长街20号福佑寺。1920年，毛泽东率领“驱张代表团”来京向北洋政府请愿，要求驱逐祸湘军阀张敬尧，住在这里。在此，他创办平民通讯社，自任社长，撰写了不少驱张文稿，自己印刷，和友人们一起去散发。第四处，陶然亭内慈悲庵。毛泽东和友人在这里相聚议事，并留有合影。同时，李大钊、周恩来等革命先贤们在这里也都有革命活动，并留有足迹。以上是毛泽东青年时代来

[3] 1918年清华学校的外国教员狄登麦（C.G. Dittmer）在北京西郊第一区调查居民195户。根据调查结果，狄登麦计算出北京市郊区平均五口之家，每年至少要收入100银圆，才能维持最低生活要求。

京的住所。1949年3月25日，党中央、毛泽东由西柏坡迁京，住在香山，毛泽东住在双清别墅。对双清别墅我们也做过调查，找过毛主席的卫士长李银桥，毛泽东的专职摄影师徐肖冰、侯波夫妇，并请侯波去双清别墅查看回访一次。由于资料尚未解密，他们没有提供更多东西，我能理解。

我们还调查过《新青年》编辑部在京旧址和陈独秀在京住所：北池子大街箭杆胡同20号。我们调查过李大钊同志的故居，西城区石驸马后宅35号，即现今文华胡同24号[4]。由于特务骚扰，李大钊在京住过几处地方，这一处住的时间最长，他被捕前就是由这里前往苏联驻华大使馆的，所以定这处为他的故居。又调查了孙中山先生逝世纪念地，东城区张自忠路23号。1924年孙中山先生北上来京直至1925年3月逝世的住所。

[4] 李大钊故居，北京市级文物保护单位。1920年春至1924年1月，李大钊一家在北院居住将近四年，这是他在故乡之外与家人生活时间最长的一处居所。2021年6月1日，李大钊故居等一批中国共产党早期革命活动旧址正式面向社会公众开放。

我们还调查了“三一八”烈士纪念碑，位于海淀区圆明园内。1926年3月18日，李大钊等率领爱国学生、工人及各界人士，反对日本帝国主义干涉中国，举行示威游行，遭段祺瑞执政府枪杀，死47人，伤200余人。1929年，北平市政府特立碑纪念死难烈士。我们为纪念碑做了拓片。

以上所调查的故居、遗址，由我写了调查报告。之后，有几处被定为北京市文物保护单位，有的被定为区级文物保护单位。我们的调查材料应该起了关键作用。同时，也为首博筹备处积累了一些资料。

再补充一点，前面讲到陶然亭慈悲庵遗址。因为涉及几位重要人物及革命先辈在那里活动过，很重要。但那时的建筑状况很差，很破旧。于是，文物管理处和公园管理处共同对其进行了修缮。为修缮此处遗址，公园管理处的张同志（男士，名字忘了）、北京市建筑设计院的工程师梁震宇和我还出差湖南一趟。遗址修缮完后，恢复了周恩来领导的觉悟社在此开会的场景。我们在此办了纪念李大

“李大钊同志诞辰九十周年纪念展览”

1979 年 10 月，陶然亭慈悲庵，与中国革命历史博物馆联合举办。

下图前排左起：梁志成、刘谨桂、李秀兰；后排右起：梁旭毅、吴元贞、宋丹

资料提供：首都博物馆

钊诞辰九十周年展，展览是和革命博物馆保管部合办的，主要是他们的展品。办完后，展品归了首博筹备处（当时还是北京市文物管理处）。

1978年11月，北京市成立了文物局[5]，就把人员分成三部分，即文物局机关、首都博物馆筹备处和文物工作队，后改称文物研究所。文物、图书等物品也分成三份。“文革”前，人员属于哪个单位的仍回哪个单位。我们首博筹备处没有办公地点，就在北京孔庙办公。

[5] 1978年11月28日，北京市文物事业管理局成立，主要负责全市历史文物和革命文物的保护，统一管理北京市所属地区的考古发掘、文物出口鉴定、文物市场及图书馆、博物馆工作。

当时的孔庙还是一个杂草丛生的环境。我们自己动手，拔去杂草、打扫卫生，整理了环境。那时候的领导真是好，像梁丹、梅村都和我们一起干，早出晚归的，一点架子也没有。那个时候没有勤杂工，展室、办公室都是我们自己打扫，连搬（东西）这种活都是我们自己干。

首博筹备处恢复了，就准备建馆。建馆就要有东西展出。当时陈列部分为古代史和近现代史及民俗三部分。民俗是刚起步，有两位同志在奋斗。古代史准备办“北京简史陈列”，由古代史部分的同志准备，赵其昌负责。近现代史准备办李大钊陈列展览，由季华同志负责，参与人员有梁旭毅和我，其他不记得还有谁了。可能馆领导向国家文物局报了我们的计划——建馆要国家文物局批准的，国家文物局也有此意，让我们办李大钊陈列。

我们开始工作了，看了我们馆里的家底很单薄，积累很少。我是说的近现代部分。关于李大钊的东西，除了在陶然亭慈悲庵办过纪念李大钊诞辰九十周年（简易）展，积累了一点，还有原先首博筹备处在“文革”前存有一些照片小样外，再无其他了。

要办一个规模大点、像样的展览，还缺不少东西。要达到建馆的要求，就得办个像模像样的展览。展览分了几部分，我是负责后面的部分，后面的东西确实很少，越到后面越少。那怎么办呢，有线索就去跑，主要的材料还是革命博物馆存得比较多，毕竟他们1959年就建馆了，底子还是比较雄厚。那时候弄资料，过去搞这些东西，人家就无偿拿给我们，也没有要钱。复制是需要钱的，但人家也没跟我们要过钱。我们到展览的时候，复制品就是复制品，原件就是原件，我们从来不欺骗观众。我们还写好哪来的复制品，都把人家写上，实事求是。搞革命史，搞党史，禁区太多，不好弄。但是我总讲，要还历史的本来面目：那人前面做了好事，后面杀了一个人，要看他为什么要杀那人，要弄清他杀那人的动机，是自卫还是消灾，到底是怎么回事儿。即便他真的杀了这个人，我不能来辩护，但是他前面做的好事情，是不是也不应该抹杀掉？

1981 年修缮孔庙大成殿情况

资料提供：首都博物馆

首都博物馆是在1981年10月1号开馆的。开馆时的情况我不知道，当时被借调出去了。那个时候中央统战部正在筹办辛亥革命七十周年纪念大会[6]，邀请了辛亥革命亲历者的后人回来参加活动，如孙中山的孙女、黄兴的、柳亚子的后人等。我在会务组管接待，驻燕京饭店。

[6] 1981年10月9日，“辛亥革命七十周年纪念大会”在人民大会堂隆重举行，首都各界人士一万多人参加。

薛婕：

我是赶上首都博物馆筹备处第二次摘牌，就是在“文革”当中。这牌子挂出去两次，第三次才是首都博物馆正式对外挂牌，接待观众展览，把珍藏了几十年北京地区的传世和出土文物的精品，对大众开放，是在1981年。挂牌的时候是在国子监孔庙。我在现场，有一个仪式，但是不那么高档。因为当时的经济状况和首博本身的业务储备能力，以及各级领导等多方面的因素，挂牌仪式应当说是简单而庄重的。将北京地区沉寂了几十年的地下文物首次对北京市广大市民展出，引起了非常大的轰动。我不记得第一个进来参观的游客了，因为那都是群工部的工作安排。我们是保管部，只负责前期展览的文物提供、摆放，以及最后和陈列部签字画押，把展览移交给展陈部后，我们保管部的工作任务就告一段落。

从1964年到2000年退休正式移交文物，我管的是七类。但是要按照质地或者造型来说，实际上是十七种。第一类是玉器，咱们当时不管是什么样的造型，只要是玉器，都分管在玉器类里面，只有印章、玉章分到印章类里。第二类是金属，金属里头就包括铁器、锡器、铅器这几种。像清末民国很盛行的五供[1]。过年的时候用的，蜡烛、蜡钎，供什么的都有。第三类是铜器，铜器里头就包括咱们拣选时发现的班簋、出土的西周伯矩鬲，等等。第四类是文具，包括笔、墨、砚。第五类是印章，铜印、铁印、玉印、石印都在里头。第六类是杂项，木器、漆器、角质类，包括象牙、犀角，景泰蓝、料器，料器就是咱们说的不透明的玻璃。第七类是玉杂，包括翡翠、珠宝翠钻和珊瑚。最后是按照总账，对完残情况、年代、数量等具体信

[1] 五供，中国民间祭祀用盛供品的五件器皿，又称泰山五供、佛前五供。由香炉一只、烛台与花觚各一对，五件器皿成一套，合称五供。

息进行清点。我是通过最后退休时工作移交，才系统地了解了自己所分管的类别。

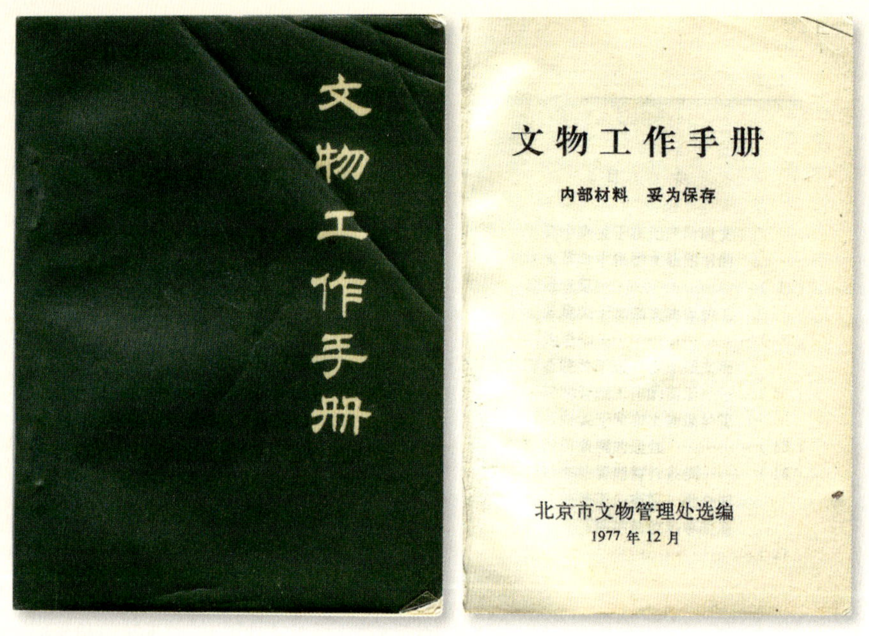

《文物工作手册》

1977 年 12 月

资料提供：薛婕

王志敏：

口述人：王志敏
曾用名：王智敏、匋奚
口述采集时间：2019年9月5日
口述采集地点：北京市朝阳区双桥东路 家中

1973年5月，我就到北京市文化局了。到文化局以后，我们一共两个人，一个人分一个地，我就跟人协商，我愿意到这个部门，对搞这些文物我挺喜欢的，就自愿到这儿来。到这儿来就给我分到鉴定组了，属于文化局下面的文物工作管理处，叫出口文物鉴定组[1]。

鉴定组当时有三个老同志：一位是李孟东，他是原来文物商店卖字画的老员工，擅长鉴定书画，在北京书画界挺有名气的。我们那时候都没有职称什么的，也没有专家待遇。还有一位傅大卣，专攻杂项，也搞印章雕刻、全形拓、拓片、创作，另外他擅长鉴定铜器文物。还有一位叫孙会元，专攻陶瓷。组长是张宁，主要抓领导工作。还有一位女同志叫刘秀华，她是跟着孙会元学习，就好像是一位老同志带一名年轻的同志。我去了以后呢，因为在美院学习过，我就要求跟李孟东一块搞字画鉴定，跟了他得有两年多吧。我们那时候出去工作必须两个人同行，所以得一专多能，就是你自己最好擅长一门，然后你也得会配合另一门工作。文物行里头分“软硬片”[2]，就是陶瓷、铜器、玉器算“硬”，我是织绣、书画这算“软”。我呢，也介入一点那个“硬”吧，所以也搞了玉器什么的。

工作要到友谊商店、文物商店去，那经营文物。东西我们事先检验，按照国家《文物保护管理暂行条例》，就是“乾隆六十年”这条红线，红线以前的都不能出口，严格把这个关。另外，有突出的历史、文化、艺术、科学价值的文物，也要保留。

我们有时候还去海关，出境时候没有手续和公安局罚没的文物要经过我们鉴定。另外还有一个任务，咱们国家那时

[1] 北京文物出口研究所，前身为文物出口鉴定组，曾归属于首都博物馆筹备处。

[2] 老古玩界也把收藏品分为两大类：可以翻阅、折叠的这一类统称软片，如书画、古籍、碑帖，以及织绣、地毯等；另一类硬片是指陶瓷器、青铜器、玉石、玻璃器等。

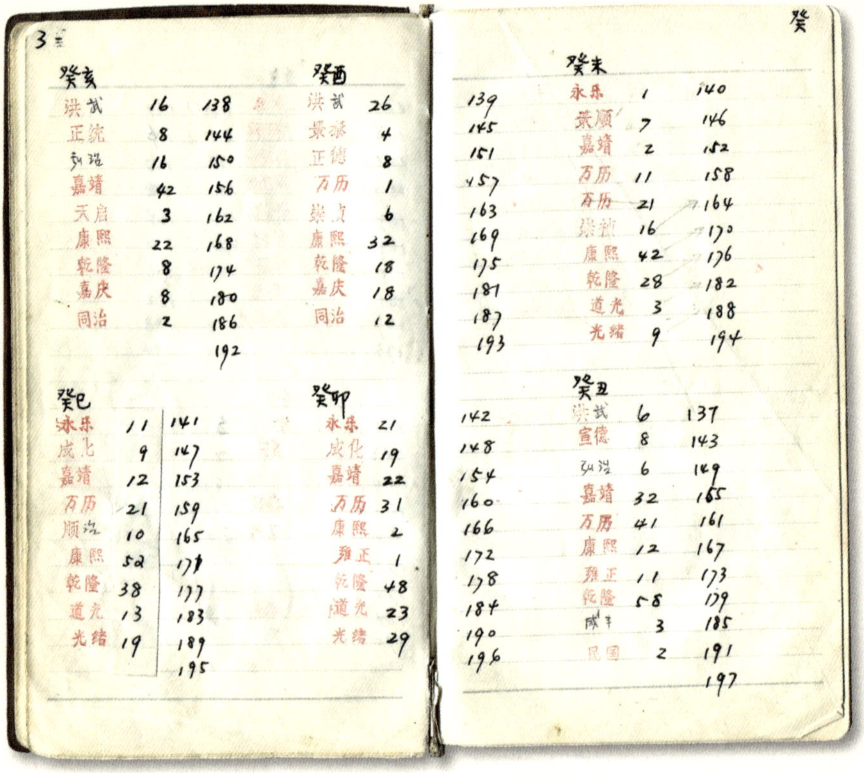

王志敏做鉴定工作时的参考手册

资料提供：王志敏

候各地的外贸也在经营，像华北地区几个省有文物商店，当地没有我们这样的机构，那些店经营的东西我们也要去给鉴定，像内蒙古、河北、山西……

友谊商店是固定时间去，它给我们开了一间小办公室，流动的，外国人都知道，那个时间、到那儿去，就可以鉴定，其他时间不去。我主要是去三间房，每周一次。文物商店是它要进一批货，从仓库提出来，拿到门市卖的时候，我们临时去打火漆印。比如要是看陶瓷，就是孙会元和刘秀华去，我就不用去。

我们组这几位老先生，几乎齐备各门类。另外通过几年工作，也理顺了市场的关系，所以算是干得比较好的。广州文化局提出来，让我们鉴定组给他们代培几个年轻人。他们选了四个人，叫李月梅[3]、邓桂娴[4]、任杰[5]、黄兆强，到我们这儿学习。当时我是做李孟东的助手，他们在这儿学一年，我有时候让他们看一看库房里的画，给介绍一下，再搞一些讲座什么的。

这些老先生身上，有一些什么优点呢：敬业，而且他们都有丰富的社会经验，在处理事情上很稳健。比如我们常常遇到和外贸公司争论啊什么的，就是我们要留东西，他就跟我们辩论。有的时候去交涉，老先生他们既不失原则，又

[3] 李月梅，曾任广州市文物总店负责书画业务部副经理。

[4] 邓桂娴，曾任中国文物收藏家协会鉴定委员会会员、广东文物鉴藏家协会副会长。

[5] 任杰，参加首批鉴定组培训，供职于国家文物局。

1975年，广州文物商店的人员在北京培训

前排右起：黄兆强、季华、刘谨桂、齐心、任杰

资料提供：张宁（后排右一）

能够灵活的处理。他们也在努力提高，学一些新的治学的办法，比如说年代怎么处理之类的。这个组比较团结，大家相互支持，又相互监督，处理得比较好。旧社会的习气？我感觉没什么吧，这个也没什么确实的依据，人际关系还是比较好的。

后来张宁调到考古文物工作队搞考古发掘去了，在那儿当队长。文物局[6]成立的时候，宣布我就做这个工作。我呢就经常跟他们联系了，那是我们领导机构嘛。所以关于北京市的文物市场管理、鉴定工作管理，还有我们从业人员的学习什么的、开会我都参加了。刘巨成[7]同志就跟我谈，说能不能利用我们这个条件，请傅大卣先生搞一个培训班。全国的文物商店，他们愿意培养玉器鉴别人才，还有拓印的人才，都可以来学。这个我主持的，让我做班主任，来了全国各地的人。另外，还请了各地在玉器研究领域有特殊专长的人，比方说牟永抗，良渚文化；孙守道，红山文化；苏州文物店张永升（谐音），明清的；还有故宫的杨伯达[8]……反正就这些老师都请来，分段地给做讲座。那时候我就觉得应当再给大家留点东西，所以每个老师做讲座的时候，我让一个人好好地做记录，就跟他说这个咱们要整理成讲义。这个题目就归他管，记完后我跟他一块修改，再加上插图，由我组织誊印社刻印、出版。最后他们结业的时候每人有一套，就是留着资料，有形象的和文字的，大家也都挺满意的。

[6] 1978年11月，北京市文物事业管理局成立。

[7] 刘巨成（1930—2001），又名刘聚成，1952年转业至国家文物局工作，历任国家文物局流散文物处处长、国家文物流通协调中心主任、国家文物鉴定委员会副主任。在任期间多次主持举办全国文物博物馆干部学习班、鉴定班、研讨班，培养了一大批业务骨干。

[8] 杨伯达（1927—2021），早年师从黎冰鸿、王式廓、罗工柳、彦涵习画，后从事中西美术史和博物馆学研究。曾任故宫博物院副院长。研究领域较宽，侧重玉器、金银器、玻璃器、珐琅器、清代院画等专项研究。在雕刻、清代院画、玉器、玻璃器、金银器、珐琅器及鼻烟壶等诸多方面都有著述。

吕维：

我1974年病了以后就一直在养病，好像养了两年。回来以后还是在文物局府学胡同那儿，但是是搞文物退还，我就把库房里面的文物重新一架架地归类，因为原来是按照类别分的，比方字画、碑帖，等等，后来又把它重新按所属单位分。那时候齐心是清退文物小组里一个队的队长。后来很快我就不在她队里了，到鉴定组去了。我们组管北方六省，王志敏当队长，因为她一直搞文物，而且是美院字画系毕业的，所以对字画特别熟，算个专家吧。

1977年后，领导派我去故宫，和故宫联合筹备举办“康生盗窃文物展览会”。参加展览筹备工作的除了故宫的工作人员，有一位叫郑珉中[1]的画家，他是清朝皇族爱新觉罗家族的女婿，还有一位是著名书法家刘炳森[2]，他后来是中国书法家协会的副主席。这个“康生盗窃文物展览会”的地点在故宫，但不对外开放展览，主要面向中央领导和各部委的领导，以及一些特邀的部门。

首都博物馆筹备处到1979年才开始又要筹备博物馆了，在1980年要开馆，这次是真正筹备了。全体工作人员均回到了孔庙上班，在孔庙还举办过一个展览。

[1] 郑珉中（1923—2019），1946年以前在家塾读书，从林彦博、王霭士学画，从王杏东、李浴星、管平湖学琴。1946年秋到故宫博物院从事中国古代艺术品的陈列与研究工作。1982年后重点研究古琴、古砚，共发表论文30余篇。

[2] 刘炳森（1937—2005），著名书法家和国画家，其“刘体隶书”影响甚广。1962年毕业于北京艺术学院，同年到故宫博物院从事古代书法绘画的临摹和研究工作。编写有20余种书法专业书籍，著散文集《紫垣秋草》。

1980 年前后首都博物馆筹备处的大门

资料提供：首都博物馆

“文革”以后，清华大学要由多科性工业大学转型回到多学科综合性大学，由于我爱人在清华大学工作，我在1980年10月调到了清华大学文学院，参与筹办清华的文史科系，此后一直在清华大学历史系教书，从此告别了首都博物馆。

齐心：

到1979年，第三次筹备博物馆了。博物馆（筹备处）就在孔庙，现在的孔庙和国子监博物馆。刚搬到孔庙的时候，说实在的里头破坏得并不多，但是杂草满地，我们到的时候那个草都半人多高。屋里那尘土就更不得了了，我们打扫卫生很苦的。石板地也乱，院子里也是，草从石板缝里出来了，很厉害。而且那门缝、窗户缝不严紧的，那个地方很冷。办公室也是不合适，整个条件都不好，暖气也不热，很艰苦。我们在那儿是准备搞展览，在那个时候搞展览是很苦的一件事。回到孔庙之后，有办公室了，有会计，后来有保管部了。文物库房，就在咱们孔庙大成殿后面那几个屋。还有就是研究部，设计研究部。还有美术部是魏群先生负责。他们那时候是形式设计，画展览小样，我们是搞内容设计。

孔庙有些地方得修，有些地方得重新布置一下，都得用经费，至于多少经费我不了解。没有进行大修，就是简单的维护，保持原状的维护。而且窗户、门也不用大修，还可以用，只不过不严紧，不严紧怎么办？你想多少年没用，那脏乱差呀，苦得不得了。只能因陋就简，维持现状，盼望有朝一日建新馆。

当时还寄予什么希望呢？孔庙博物馆，国子监图书馆，将来能不能合并，都有那么一个想法的。因为两馆一墙之隔，《十三经》[1]就在后院，开着门他们就是一家，所以最后政府决定两家合作是对的了。首博搬家了，它也搬走了，搬到蒲黄榆那里的图书馆，这是社会的发展。博物馆发展有更大希望了。

[1] “十三经刻石”亦称“乾隆石经”。共有189座石碑，碑上刻有儒家的13部经典著作。即《周易》《尚书》《诗经》《周礼》《仪礼》《礼记》《左传》《公羊传》《谷梁传》《论语》《尔雅》《孝经》《孟子》。原存放于国子监东西六堂，1956年修缮国子监时移至孔庙与国子监之间的夹道内。现仍存放于北京孔庙和国子监博物馆内。

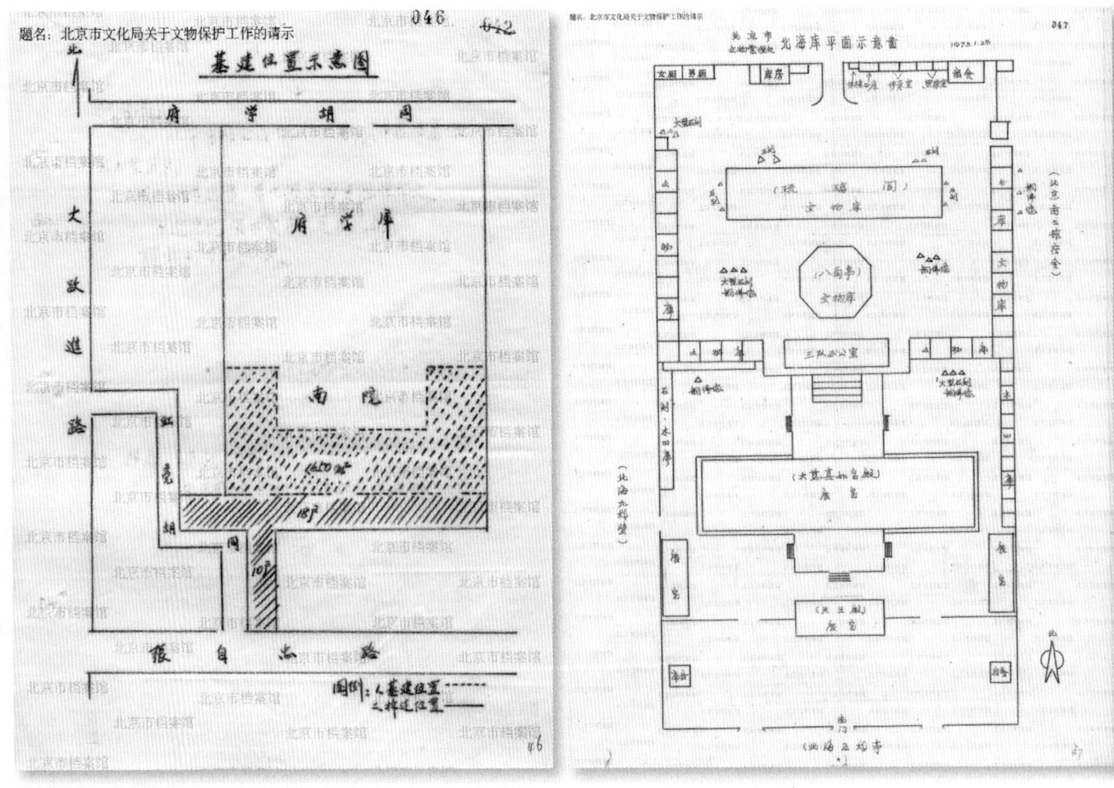

北京市文化局关于文物保护工作的请示

第 46 页：基建位置示意图

第 47 页：北海库平面示意图

档案号 164-002-00552

资料提供：北京市档案馆

郭子昇：

地志博物馆主要是要突出地方特色，北京有一个有利条件：从很早就是北方的重镇。北方少数民族，要想入驻中原，首先得要把你这个国家保存好，所以从辽金时期的陪都到明清作为京城，全国各地的各行各业的人都到北京来，各地风俗习惯在北京都可以有，而且北京又受宫廷文化的影响，所以它民俗事项特别丰富多彩，要能搞这个民俗陈列的话，一定会受欢迎。

民俗这一部分，大概是1979年开始筹备。可是要开展工作，咱们没有一点经验，这个时候他们就说，天津市历史博物馆[1]在1956年的时候就搞过民俗展览，规模也不大，当初受到了欢迎。当时博物馆是谁主持的呢？就是有个书的作者叫顾大新，所以馆里就派我和李秀兰两个人，到天津找顾大新，顾大新也很热情，各方面对我们都帮助很大。民俗在二三十年代搞过一次，等着解放以后把民俗学和封建迷信划等号了。“文化大革命”以后，大概是1979年，北师大[2]有一个老教授叫钟敬文[3]，另外还有顾颉刚[4]，这几个过去搞过民俗的老教授提出来，建议开展民俗学研究和机构设置，资料室有受这个影响。

要搞民俗展览的话，当然，首先得有文物，咱们在搞这个以前，在中山公园里搞了一个民俗画展览[5]，用馆里库藏有关民俗的画，在那搞了一个，规模很小，展览得很粗糙，但是

[1] 天津市历史博物馆于1952年6月在原天津市第一博物馆与天津市第二博物馆合并的基础上建立。同年10月，原天津美术馆并入。1953年5月对外开放。1955年底，又接收原华北博览馆，同时将馆址由南开区二纬路迁至河西区马场道。“文化大革命”期间，该馆与天津市艺术博物馆、天津自然博物馆、天津市彩塑工作室等单位合并，一时改称为天津市博物馆。1974年，天津市历史博物馆与上述各馆分开，恢复原称，馆址移至河东区光华路。

[2] 北京师范大学，文学系。

[3] 钟敬文（1903—2002），中国作家、民间文艺学家、民俗学家。1949年后任北京师范大学教授，1983年后兼任中国民间文艺研究会主席、中国民俗学会理事长。是中国民俗学的奠基人之一。主编《民间文学概论》《民俗学概论》。有《钟敬文民间文学论集》。

[4] 顾颉刚（1893—1980），中国历史学家、历史地理学家。早年从事民俗学研究。生平著述宏富。出版有《秦汉的方士与儒生》（原名《汉代学术史略》）、《三皇考》、《史林杂识初编》、《中国历史地图集》（古代史部分）、《吴歌甲集》等。

[5] 1980年2月8日至3月10日，首都博物馆筹备处在中山公园举办“清代民俗画展览”。

“清代民俗画展览”

资料提供：首都博物馆

大家看着新鲜，所以咱们就从那开始的。

1981年首博开馆。1982年春节，我和李秀兰在孔庙里边东南角拐弯那个地方，大概有二三百平方米，搞了一个小型展览，叫“老百姓过年”。这是咱们馆第一个民俗展。有一天一个局长姓赵，领着市委宣传部的部长来看，完了就展。展了以后，第二年就把这个展览扩大了，扩大后就是“北京岁时风俗”展览（1985年），从大年初一展到三十。

刘长工：

我在1980年到咱们局里，拿着我那毕业证[1]，局里看了以后说好像也得要考一考吧，可能考点古代汉语或者什么东西。我说我有考试成绩表，他说你在哪儿考的？我说中国社科院，胡乔木[2]亲自监考的。我说成绩你去拿或者我去拿，他说你搁这儿，我给你打电话问问就行了。就这样，我就免考了，免审查了，把毕业证给人家看了就到咱们这儿来了。

那会儿首博刚是个筹备处。1980年，在孔庙，挂的牌子是首都博物馆筹备处。我是陈列部的，其他的弄不准，部门办公室我就知道一个。陈列部主任是季华，整个部门她都管，分成两个部分：一个是近代史部，一个是古代史部。古代史部有我、赵其昌和齐心；近代史部有季华，还有刘谨桂、袁世贵、梁志成、梁旭毅、郭子昇。陈列部的人（我）不会（弄）错的。办公室当时的主任好像是个老八路，离休干部之一，叫梅村。还有保卫科的一个，我记不清名了，我记得有一个姓董的保卫科长。还有就是群工部，讲解员那个部的，主任是关宏德，大概就是这样。还有修复室。其他还有美术部的，主任是魏群。保管部我比较清楚，主任是崔宗汉，还有个当过志愿军的叫宗乃慈，这是主要的人。

口述人：刘长工
曾用名：刘云清
口述采集时间：2019年7月8日
口述采集地点：北京市海淀区岭南路 家中

[1] 毕业于四川大学历史系。

[2] 胡乔木(1912—1992)，中国无产阶级革命家，马克思主义理论家、政论家和社会科学家。1941年至1948年任毛泽东秘书兼中共中央政治局秘书。中华人民共和国成立后，任新华社社长、人民日报社社长。1975年后任中国社会科学院院长。著作编为《胡乔木文集》等。

1980 年 9 月 21 日，在清东陵合影

前排左起：刘谨桂、李秀兰、齐心、季华；后排左一刘长工

资料提供：刘长工

1980 年，在清东陵合影

前排左起：刘谨桂、李秀兰、梁旭毅、季华；后排右起：刘长工、郭子昇、张宁

资料提供：刘长工

张宁：

1979年首博第三次恢复建制时，大概有这么几个部门：一个是办公室，一个是财务、管会计财务，还有个保卫科，这是行政方面的。业务方面的就是文物保管组、陈列部。还有个社教部，群工部，也叫群众工作部。还有一个美术设计部，就是负责展览的形式设计的，大概就这几个吧。

北京市文物工作会议文件

1980年11月14日，在北京市文物工作会上，北京市文物工作任务报告中特别强调“首先应尽快地把首都博物馆建设起来”。

资料提供：首都博物馆

1981年开馆的时候，因为挂牌子了嘛，总是要把业务提上去。首先开展的业务就是要搞北京历史展览。我记得首都博物馆好像还收藏了第一个来参观展览人的资料，梁丹同志还很认真地保存了第一个参观者购买的第一张门票。

首都博物馆第一位观众刘运福正在购票

资料提供：首都博物馆

博物馆经过“文化大革命”的动乱以后，终于恢复了，专业干部有了能施展才华的基地了，大家都有一股创业的精神。我觉得当时工作的精神面貌、心态，确实是想把这工作做好，再加上我们也正是青春年华，大都是30岁左右。我觉得那时候人的精神面貌好，创业精神好，工作认真、态度认真。对这工作的追求和执着精神很好，我觉得这一点给我的印象很深，这是一。第二是我们那时候钻研业务，有时候需要偷偷钻研。那时候动不动就批“唯生产力”，动不动就批“白专道路”。好比我们想去图书馆搞个研究，写个论文那都不是明目张胆的，都是生怕别人知道，偷偷地去，不像现在。还有一点感受比较深的，我到现在也还是认为这博物馆的领导还得要内行，外行不行。赵

首都博物馆首任馆长梁丹陪同刘运福进入孔庙参观

资料提供：首都博物馆

其昌当馆长的时候就是这样。那时候馆领导实际上是三个人，赵其昌是馆长，我是常务副馆长，还有一个行政副馆长。因此事情特别好统一，效率也高，再加上业务研究别人不插手，就是这几个馆长，带几个业务干部，大家统一思想以后，那工作效率高。干部基本上都是业内的，这一点也很重要。

首都博物馆开馆时使用的门票

资料提供：首都博物馆

首都博物馆开馆时使用的介绍折页

资料提供：首都博物馆

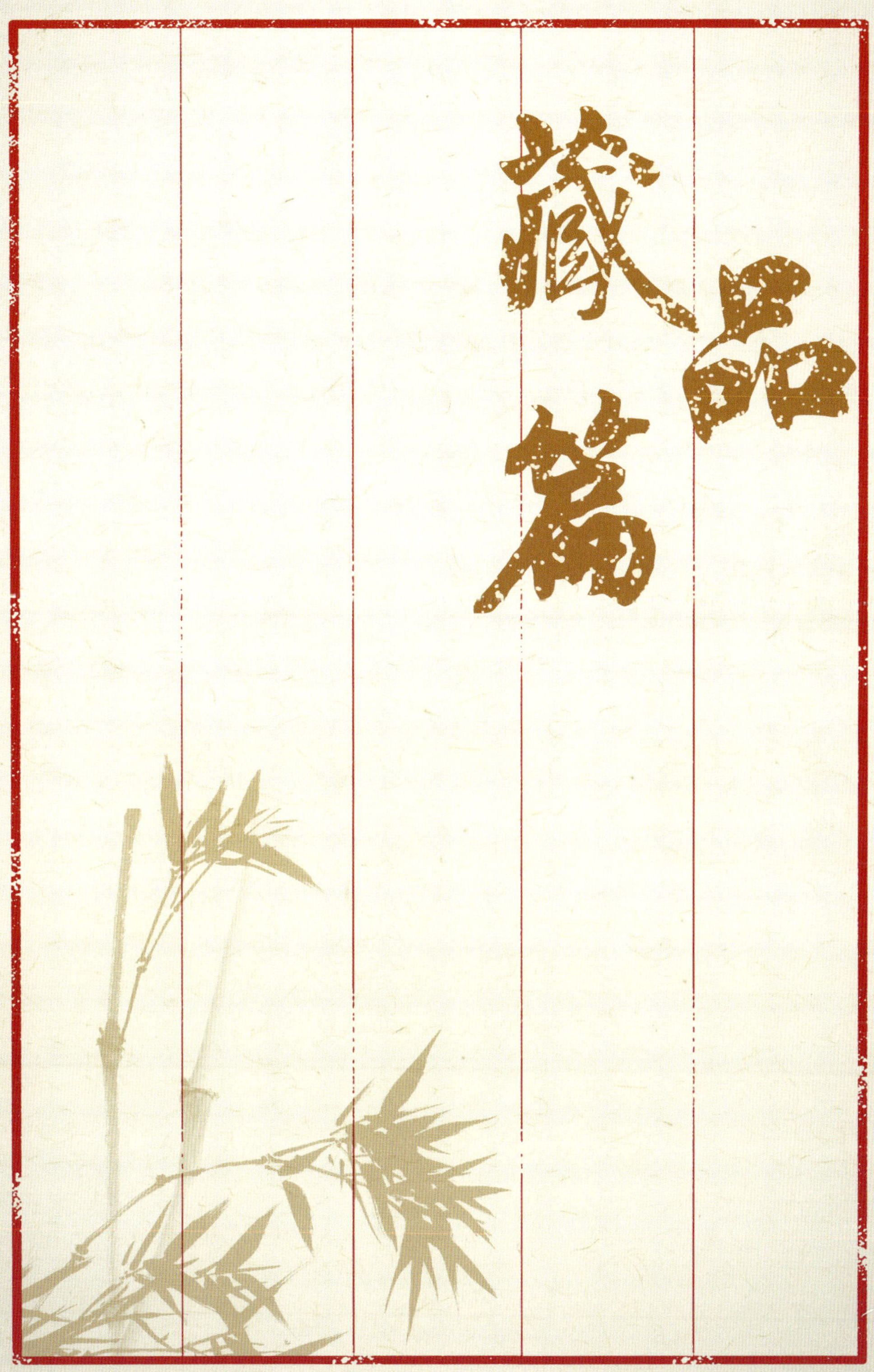

藏品篇

文物的拣选与征集

首都博物馆的藏品积累，主要来自北京地区出土的文物、民间征集文物和在废品收购站拣选的文物，例如在北京铜厂拣选铜佛等。而革命文物则主要靠人员到北京四郊革命根据地进行征集。从事了这些工作的吴梦麟、薛婕、郭子昇、吕维、刘谨桂、张宁六位老同志口述了这段“沙里淘金，抢救文物”的特殊经历。

吴梦麟：

首都博物馆要说历史形成，（人员）是由文物调查研究组过来的。（文物）有一部分是文物工作队发掘的，有一部分是征集的，有一部分是废品站拣选的，像“班簋”就是在通县的废品站拣选的，来的渠道不一样。

当时我在考古组工作，每个月我们那个彭成主任，就是老主任，都要让考古组的人和保管组的人一块看文物。比如说，这个月我们征集回什么东西来了，我们发掘出什么来了，让考古组的人讲一讲，让保管员看一下，他就知道这文物的来龙去脉了，这是我在文物工作队的时候。

薛婕：

今天首都博物馆的文物来源，一个是刚解放时的实物库，再一个是北京地区出土的，还有一个就是拣选的，其中有一大项就是北京铜厂拣选的。大量的铜佛，实际上就是在这个过程里抢救下来的。

首都博物馆（当时）没有专业人员研究这个，不懂得它的重要性。包括程长新、傅大卣、孙会元，等等，老文物商店的这几个老人，他们

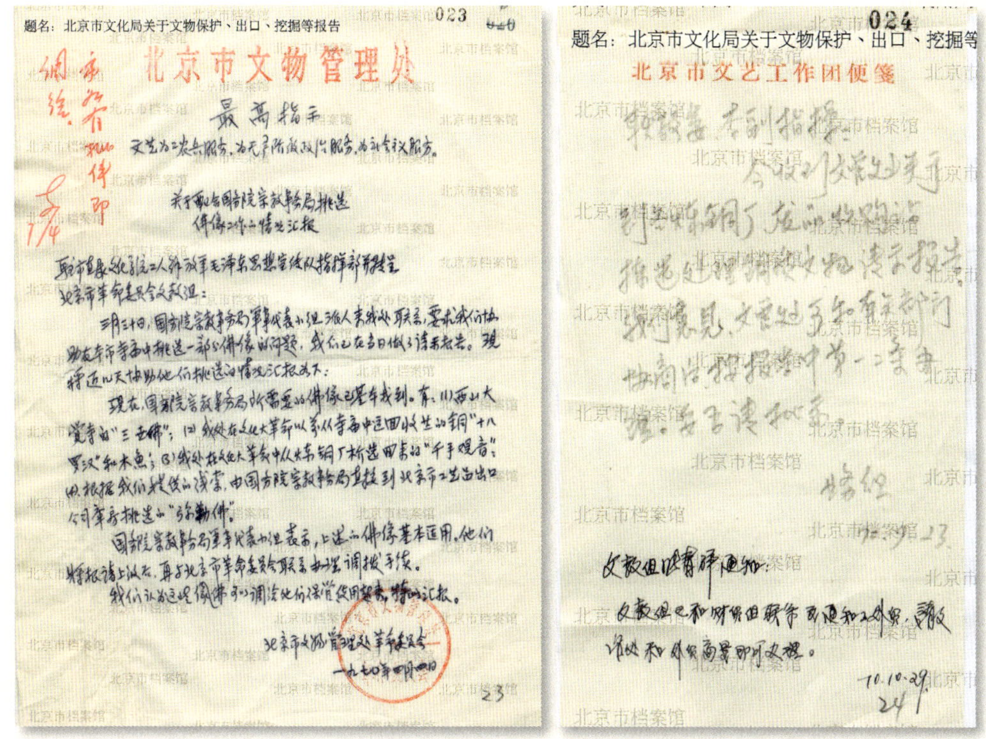
题名：北京市文化局关于文物保护、出口、挖掘等报告　023

北京市文物管理处

最高指示

文艺为工农兵服务，为无产阶级政治服务，为社会主义服务。

关于配合国务院宗教事务局挑选佛像工作的情况汇报

驻市直属文化系统工人解放军毛泽东思想宣传队指挥部并报呈

北京市革命委员会文教组：

三月三十日，国务院宗教事务局军事代表小组派人来我处联系，要求我们协助在本市寺庙中挑选一部分佛像的问题，我们已在当日做了请示报告。现将这几天协助他们挑选的情况汇报如下：

现在，国务院宗教事务局所需要的佛像已基本找到。有：(1)西山大觉寺的"三世佛"；(2)我处在文化大革命以前从寺庙中运回收集的铜"十八罗汉"和木鱼；(3)我处在文化大革命中从北京铜厂拣选回来的"千手观音"；(4)根据我们提供的线索，由国务院宗教事务局直接到北京市工艺品出口公司库房挑选的"弥勒佛"。

国务院宗教事务局军事代表小组表示，上述的佛像基本适用。他们将报请上级后，再与北京市革命委员会联系办理调拨手续。

我们认为这些佛像可以调给他们保管使用，特此汇报。

北京市文物管理处革命委员会

一九七〇年四月四日

23

题名：北京市文化局关于文物保护、出口、挖掘等　024

北京市文艺工作团便笺

70.10.29

24

北京市文化局关于文物保护、出口、挖掘等报告

第 23 页：关于配合国务院宗教事务局挑选佛像工作的情况汇报

第 24 页：关于拣选处理铜质文物的请示

档案号 164-002-00328

资料提供：北京市档案馆

也是斗着胆子提出来的。因为第一他们是小业主，就算私方，所以本身就有压力。这些人提出来，说这都是文物，而且很稀少。第二，当时还“破四旧”[1]呢，你要说这个东西炼了铜可惜，也是顶着压力。

当时这些老师傅们的想法就是，佛嘛，炼了铜有大不敬的这个感觉。当时还让刮金，因为黄金是贵重金属，得把佛上头的鎏金都刮下来，刮完了这些东西，就都扔到炼铜炉里炼了，要造枪炮、子弹。咱当时一个是备战备荒[2]，再一个是越南有战争[3]嘛，缺少这些东西（枪炮子弹）。所以当时的任务是交给我们，让先都弄到北京铜厂去化铜。军宣队军代表叫万海亭，还有一个代表叫李银山。万海亭这位老先生很有眼光，也很平易近人。他就说这东西就别刮了，都给拿回来吧。所以我们从北京铜厂抢救了一批现在认为是国宝级的文物：铜鎏金的铜佛。不光是铜鎏金的铜佛，其他的一些铜器也都抢救回来了。我后来管铜器库，管的都是二级品[4]。

[1] 1966年6月1日，《人民日报》刊发社论《横扫一切牛鬼蛇神》，提出“破除几千年来一切剥削阶级所造成的毒害人民的旧思想、旧文化、旧风俗、旧习惯”的口号。

[2] 备战备荒：20世纪60年代中期，中国面临美、苏两国的军事威胁，面对严峻的国家安全形势，毛泽东于1965年1月12日在关于第三个“五年计划”的谈话中，提出“备战备荒为人民”，后成为我国基本国策之一。

[3] 越南战争亦称“越南抗美救国战争”。越南抗击美国侵略的民族解放战争。

[4] 1978年，国家文物事业管理局发布了《博物馆一级藏品鉴选标准（试行）》，开始了对博物馆藏品分级管理的尝试。1982年，《中华人民共和国文物保护法》公布实施，其中第二十二条规定：“全民所有制的博物馆、图书馆和其他单位对收藏的文物，必须区分等级，设置藏品档案，建立严格的管理制度，并向文化行政管理部门登记。”根据此条规定，文化部于1987年2月颁布了《文物藏品定级标准》。该标准指出：一级文物为具有特别重要价值的代表性文物；二级文物为具有重要价值的文物；三级文物为具有一定价值的文物。

郭子昇：

1963年我劳动回来，正好河北省在“红楼”[1]——就是国家文物局那——搞了一个从废旧物资中捡拾文物的一个展览，看到有好多青铜器还能留存下来。回来以后大家都议论，人家河北省能够从废旧物资中捡出这么好东西来，咱们都不弄吗？打那开始，从废旧物资中拣选文物，这个任务又交给我了。我这谈的时候好像是说我自己说得多了一点，是不是有点王婆卖瓜的意思。（笑）这个任务就给了我了，我只要是搞征集，能弄上东西来，这就是我的功劳，我是这么觉得。

[1] 北京大学红楼，东城区五四大街29号。落成于1918年，砖木结构，平面呈“工”字形。第一批全国文物重点保护单位。

东汉鸟兽纹铜洗

原名“鸾凤和鸣”铜洗

东汉

高 9 厘米，口径 40.5 厘米，底径 23.5 厘米

资料提供：首都博物馆

民国十年京绥铁路通车纪念铜天鸡尊
原名天鸡车尊
中华民国
左：高 8.9 厘米　右：高 9.1 厘米
资料提供：首都博物馆

我拣选回来的第一件文物是从三家店废品公司捡回来一个东汉的铜洗，虽然那个时候我已经到博物馆好几年了，但是接触文物的时间不多，我说究竟这个东西有价值没价值？咱们一个比较老的员工叫李庭倩，我们都叫李大姐，她是朱家濂[2]的夫人。我把这个拿给她看，她说这个是东汉的，上面有图案，有文字，叫“鸾凤和鸣”。这是我从废品公司捡回来的第一件文物。

在西直门外靠北边那有一个小区，住的都是京张铁路的员工。这个京张铁路通车的时候搞了一个纪念品，叫“天鸡车尊”，不大，也就拳头大点，是一个鸡，翼的外边有两个轮子，青铜的。听说他们职工有，我就到那儿找着人了，大概征回来了两个。还有一个叫“欠薪券”。京张铁路开通以后，运营情况不怎么样，入不敷出，发不了工资怎么办呢？给这个“欠薪券”，等有了钱以后再发给你。还在那征集到

[2] 朱家濂（1909—1997），曾任职于故宫博物院、北京图书馆（即国家图书馆）。在北京图书馆期间，先后任中文编目组组长、采访部主任，长期从事古籍版本目录方面的工作。

的有，国民党那个时候不是搞统一度量衡吗，那个度量衡标准器——斗，也是青铜的。

后来就是达赖逃跑到印度的时候[3]，西藏不是进行民主改革嘛，那块宗教受到冲击，有些个宗教里的器物也好，文物也好，就当这个废铜运到北京来。有一批就运到电解铜厂[4]，在南边那个地方，我只知道叫电解铜厂。那边地下一大堆一大堆的铜器，国家文物局叫三个单位去捡，一个是历史博物馆，一个是故宫，一个是我们。故宫去的叫罗福颐[5]，还有一个女同志。历史博物馆去的人叫石志濂，还有一个女同志。那时候没捡到什么好东西，捡了一些铙钹，就敲的那个铙钹，上面有“二龙戏珠”的图案，有边款什么的，“大明永乐年制”，成对不成对儿我现在都记不住了。好像还捡了一个残的“欢喜佛”，还有那个藏族吃饭用的鎏金铜碗。我（二十世纪）五十年代初期去过塔尔寺，他们穿那个袍子掩襟，扎个带子，怀里都有一个碗，有钱的人用铜的、金的，什么都有，没有钱的是用木头的。吃饭的时候怎么呢，是酥油和炒了的白面（青稞），就拿手拌，嘴上抹抹，吃饱了手上还有油呢，往脸上一抹，那个地方风大，沙也大，他们又没有护肤品，所以你看藏族那个脸都是这样红的。这时从废旧物里捡的东西还不少。

最大的一批是什么呀，是“文化大革命”时候，整个西藏佛教寺庙都被没收了，原来有的那个佛像什么的都用汽车送到青海，西藏那个时候还没有火车，到了甘肃，再运到北京。你说这些东西它还能好了吗？那都不是说像咱们现在文物有囊匣[6]装什么的，那时候就是拿铁锹撮的。一列火车、一列火车的，凡是鎏金的，都搞到这个物资回收站，就是废品公司，出建国门往南有一个叫贵金属提炼厂，就搁到那儿，把这个镀金上边的金弄下来，剩下的送到铜厂化铜去。这个时候就咱们一家捡，说是捡，实际上所有的都要了，只

[3] 十四世达赖（1935— ），本名拉摩敦珠。1940年在拉萨举行坐床典礼后继位，1950年亲政。1951年派代表与中央政府谈判，达成了和平解放西藏办法的协议。1959年3月出逃印度。

[4] 北京铜厂，1956年组建时厂名为公私合营电解铜厂。1961年迁址永定门外宋家庄。

[5] 罗福颐（1905—1981），罗振玉之子，古文字学专家。其研究文物考古的涉及面极广，对玺印、古文字等都有著述，代表著作有《汉印文字徵》《古玺文编》等。

[6] 指根据文物的材质、形状、器型大小、重量等元素定制的文物外包装容器，在搬运、保管文物过程中起到防风、防尘、防晒、防震、防潮的作用。

页号：00018 档号：164-002-00558 利用人：彭昕 打印时间：2021-09-10
题名：北京市文管处关于处理被查抄文物、图书、调拨佛像文物的报告

北京市文物管理处

关于拣选鉴定西藏运京的
一批铜佛情况的汇报

文物发〔73〕第38号

北京市文化局革命领导小组：

今年六月四日国家计委通知我处，西藏有一批铜佛运到北京市物资回收公司稀有金属提炼厂当作废铜冶炼，希望我处前往了解情况，并进行鉴定有无文物保留价值。我处在国家文物事业管理局安排下，立即派人前往稀有金属提炼厂了解。六月中、下旬国家计委召集国家文物局、西藏驻京办事处、北京市外贸局、北京市首饰公司、北京市第二商业局、北京市物资回收公司和我处開了几次会，对这批铜佛如何处理进行了研究，最后确定：(1)这批铜佛暂停冶炼，由有关单位派人挑选鉴定，有保存价值的，由文物部门运走保管；可以出口的，由外贸部门运走；挑剩的，继续冶炼。(2)由故宫博物院、北京市外贸局和我处共同组织一个鉴定小组，具体负责拣选鉴定工作。这个小组在稀有金属提炼厂积极配合下，由七月初开始，到八月四日完成了挑选鉴定任务。计共挑选出有保留价值的和超年代不能出口的铜佛22,843件（26,107公斤），其中：镀金的铜佛有20,296件（19,788公斤），不镀金的

关于拣选鉴定西藏运京的一批铜佛情况的汇报
文物发 [73] 第 38 号
北京市文物管理处
档案号 164-002-00558 第 18 页
资料提供：北京市档案馆

要是造型好的，即使残一点也要。最后有多少呢？大概有二十几吨。大部分是这样捡过来的。

捡这个的话，是派了我和程长新，他是位老先生，文物商店出身，对于铜器鉴定是很有水平的，但是他年岁大了，去了几趟就不去了。那个时候正是“文化大革命”期间，天天开会，捡这个有个好处，我不在“家”，就不用开会了。那个时候找临时工都难，难在什么地方？贵金属提炼厂那个地方，不知道从里边提取什么东西，弄的什么，那个味难闻极了。咱们根本不用捡，就是拿汽车拉呗。这个弄的时间还很长的，拉回来都堆到孔庙那儿。有

一年有个佛像，完整的，造型很好，我们也弄回来了。后来西藏有人要看这些，那个人看见这个佛像以后，趴下就磕头，后来我们一问才知道，这是尼泊尔公主的陪嫁品。我现在说得这么简单，但是里边这个事可多了。

后来开馆想要搞民俗展，就需要整理民俗文物，废品公司给我和李秀兰开了一个介绍信，就是告诉各家，这两个人来要收点民俗文物，你们要提供帮助。拿着这个介绍信，所有废品收购点都能使。当年就开始整理民俗文物。

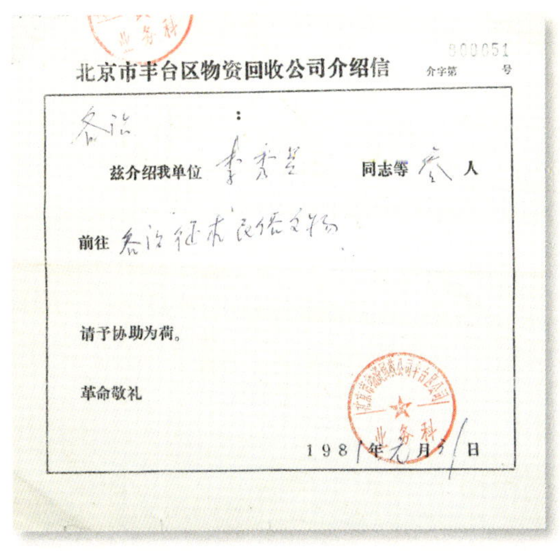

北京市丰台区物资回收公司介绍信　　介字第　　号

各站：

兹介绍我单位 李秀兰 同志等　人

前往 各站征求民俗文物

请予协助为荷。

革命敬礼

198 年 月 日

去物资回收公司寻找文物时用的介绍信

资料提供：郭子昇

所以当年就开始去，也征集到几个东西，比如征集到了那个时候马拉的轿车。原来车主家用这个车是和现在出租汽车似的，不用了以后，把这个搁在屋里保管起来，后来就搁在院里了，还有破损。(我们去时)那个轿车，车主是他女儿。人家说你拿着走吧，我们给120块钱，人家非不要。还有，原来他们住的那个地方有一对民间的狮子，现在还在展厅展着，他们说那狮子是明代的。我们弄回来以后，请专家来看，也说："这个够早的。"这个东西怎么来的呢？因为这两个狮子分量特大，大概一个上面九个大铜铃，就碗口这么大个，耍的时候不是费劲吗？我们就到剧装厂花500块钱买了个新狮子，把新狮子给人家，把这个旧狮子换过来了。反正是征集了这么一批东西。

吕维：

我于1960年春回到了首博筹备处，我在首博筹备处期间，调查过许多零散文物遗址，并访问过许多重要的人物。例如，于谦祠遗址、高君宇和石评梅在陶然亭的合葬墓、当年的义和团战场西什库北堂、北京最大的基督教堂宣武门南堂、门头沟云水洞和云居寺、长辛店“二七大罢工”[1]的车辆厂、和平解放北平的谈判地八里庄旧址及谈判全过程的调查、拒马河边汉代城墙遗址[2]，以及零星墓葬，等等。

记得有一次赵迅和吴梦麟去门头沟百花山调查零散文物，到达后他们被安排住在一座新盖的房子里，但这座房

[1] 1923年2月7日的京汉铁路工人大罢工，是中国共产党领导的第一次工人运动高潮的顶点，亦称“二七大罢工”。

[2] 汉代良乡县城，又称“窦店古城”，位于拒马河支流大石河东岸，房山区窦店镇，东距京广铁路1.5公里。

20世纪60年代初，吕维（左）与何显华（右）在圆明园留影

资料提供：吕维

子还没有完全盖好，窗户既没有玻璃也没有糊上窗纸。那时百花山非常荒凉，夜晚狼群等动物经常出没。当时是夏天，夜晚很热，吴梦麟的母亲给她带了一条绿色的薄绸被面，夜晚她单独一人睡在窗户敞开的房间里，非常害怕，就把这条绿色的绸被面连头带脚盖在身上，哪知绸被面掉色，由于天气闷热，一夜下来，汗流浃背，她就被染成了大花脸，这个故事后来一直是大家回忆时的笑料。

（二十世纪）五六十年代北京的郊区还非常落后，村子里的农民都很穷，家里都没有厕所，但农民对粪便都很珍惜，因此都在猪圈里解决大小便问题，但这对女同志来说，每一次上厕所简直是一场恐惧大战，因为猪一见人来大便，就异常兴奋，一哄而上地来拱人的屁股，简直太可怕了。那时我们下去调查基本上是男女搭配，以防不测，在这种情况下，什么都顾不得了。女同志上厕所，男同志只好手拿竹竿或棍子在猪圈外赶猪，以便让女同志能够完成“任务”，现在回想起来，简直不可思议。

还有几个值得回忆的小故事，记得在六十年代，赵光林带领我、齐心、于杰、郭仁等人去拒马河边调查汉代遗址。我们在田野里发现了几个巨大的石块，走近一看，每一个石块上均有花纹和雕刻，两个短一点的石块上，一个上雕刻的是一只鸟，另一个雕刻的是一只乌龟，我们马上想到，这可能是一口石棺，而且是棺材的头板和尾板，鸟和乌龟就是所谓的朱雀和玄武，我们马上就查看那两块长的石板，上面确实分别雕刻有青龙和白虎。于杰和郭仁他们当时判定，这应该是元代有地位人物的石棺。于是我们向赵光林提议，是不是可以将其拉回文物工作队。但当时那个地方没有公路，需要雇人抬到公路边才可能拉回去，估算大概需要300多块钱，这在当时是一笔不小的运费，赵光林就苦笑了一下说：“哪有这笔钱哦！”于是我们非常无奈地将其弃之荒野了。后来我们又去打听过这四个石块的下落，当地老乡告诉我们，这石块早已被打碎用于垫铁轨了，真是令人痛心，区区几百块钱就使一件价值连城、雕有朱雀玄武和青龙白虎的元代珍贵文物永久消失了。

再一次是我和郭子昇被分配在一个组，到门头沟去调查煤矿，主要是围绕“革命”这个主题，调查过去的煤矿主是怎样剥削那些煤矿工人，

1964年7月17日，工作组调查汉城墙（汉代的一个小城）期间，在拒马河边午餐

前排右起：郭仁、吕维、赵其昌、于杰、齐心

资料提供：吕维

怎么在那么艰苦的环境下让矿工把煤挖出来。我们下矿井去体验，在煤矿深处，要走一段很长的挖过煤的巷道，最矮的巷道也就一米高，坐都坐不直，大部分路段都要爬过去。虽然这个矮巷道是有撑子撑着的，但是我们心里一直很害怕，一边爬一边心里在打鼓，这种害怕的心情没有实地经历过是体会不到的，因为不知道哪根柱子会忽然坏了或发生什么意外。尽管煤矿方面尽量让我们去看那些安全的地方，不安全的地方不让我们去，但是我们下井的时候还是做好了"万一出事"的思想准备。

还有一次是赵光林带着齐心、刘之光和我等六人到房山云水洞去调查。云水洞是一个天然溶洞，之前没有人详细地记载过它，古代即使有记载也是零乱的三言两语。云水洞属于北京的管辖范围，因此需要去进行一次仔细的调查。那时云水洞附近没有居民和住房，只有一座破庙，没有门窗，破烂又荒凉，我们要在那里过夜，晚上只好把那个破庙里的一个旧炕扫了扫，再用柴火烧上炕。男女同睡在一个炕上，女同志睡有热气的那一头，男同志就睡没有热气的那一头。那次云水洞之行，差一点送了齐心的命。那是我们在云水洞走山路时，我穿的那双鞋不太好走路，齐心说："我和你换鞋，我穿你的鞋。"她的脚比我大，我穿她的鞋就不打滑。在经过一棵树后，有一个极其险峻难走的山坡，下面非常斜陡，齐心不小心突然滑坐到地上，差一点就摔下去了，幸亏赵光林一把拉住了她，要是这一把没有拉住她摔了下去，我这一辈子也活不好了。后来，我们还去过铁壁银山[3]，在十三陵附近，我们去的那个时候四周都是高粱地，有几座只剩下半截的古塔，已经破败不堪，也不通公路。现在的铁壁银山已经重新修建得金碧辉煌，变成游人如织的风景区了。

[3] 银山塔林，原名铁壁银山，位于北京市昌平区城北30公里处，距十三陵5公里。

我第一次做古墓是跟着苏天钧去做一座宋代的墓葬，里面只剩下白骨、一卷枯干的头发和几颗零星的手指甲，看起来有点恶心。苏天钧说，做这种墓是好的，人死后指甲还会长一点，所以比活人的长一些，而头发在一定条件下是不会烂的。我们做明清的墓葬时更恶心，有的尸体几乎烂成粥状，我们还要用手在那些尸水中寻找陪葬物，做完之后回来，胃里翻江倒海，饭都没法吃。还有一次我和苏天钧去做一个辽墓和元墓的调查，"辽墓"是一座空墓，里面只剩下壁画。元墓里面出土了一个白瓷碗，可惜那个碗已经破损了。在那个时候，考古都是被动的，不允许主动发掘，只有搞基建和老百姓劳动时发现了古墓葬，通知我们后才下去调查。这些都是在六十年代困难时期做的事情。

1965年春夏之交时，我被派去参加"四清运动"，地点在密云溪翁庄，几乎整整一年，到1966年6月，“文化大革命”正式开始，我们才从“四清”地点撤回原单位。那时一切业务工作完全停止，单位领导均已“靠边站”，天天就是贴大字报、揭发、大批判，一直到组织各种大批判组，各种战斗队，最后发展到对立的两派，即所谓的“保皇派”（指支持原领导的一派）和“造反派”（指反对原领导的一派）。大多数人都会选边站队，不是这一派，就是那一派。我向来对政治很不敏感，所以在“文革”中，我是“逍遥派”，两派的会，我都经常参加，比较自由。“文革”的发展，愈演愈烈，从红卫兵大串联[4]到“破四旧”，之后发展到大规模地“抄家”，抄出了许多文物。于是，北京市文化局在北京府学胡同专门成立了“北京市文物清理小组”，那时我们首博筹备处和文物工作队的人员被告知，可自愿加入“北京市文物清理小组”去工作，于是1966年底，我报名参加了。博物馆筹备处、文化（物）工作队，还有中国书店、文物商店……全合到一起了，成立了个文物清理小组。中国书店、文物商店的同志他们都有实践经验，但没有什么理论，这些东西为什么好，好在哪里，他们说不出个道理来。我们是学历史的，在理论上比较通，但是实践上没有任何的经验，也没见过那么多的东西，所以后来就都参加。

[4] 1966年9月，中央文革小组表态支持全国各地的学生到北京交流革命经验，也支持北京的学生到各地去进行革命串联。当时串联的红卫兵和青年师生乘坐交通工具和吃饭住宿全部免费。

这工作最初根本不分得那么细，谁懂跟着谁去。比方说你懂，我跟你去吧，就去了，当时是有几个非常懂的人。我曾经有一个愿望，就是想把他们懂的这些东西给总结出来，比方为什么西周的铜器是直角的，为什么商代的铜器是撇着的，我很希望能够总结出他们看的问题在哪里。但后来来不及了，这伙老人一个个都不在了。他们文物商店那些人眼睛太厉害了，有的字画还没拉开，他马上就知道是真是假。拉字画要钉在那儿拉，你这还没完全拉开呢，“假的，甭看了”。那眼睛，那叫不得了。他们真的很有实践经验，看这个东西不用看原物，看照片就知道了。他们这个本事很大，因为都是学徒出身，东西看得太多了。另外，鉴定这件事太复杂了，完全看眼力。要会鉴定一个东西，你首先要懂得色彩，每一个地方每一个时期的色彩都不一样。再深入一点，你要懂得纸张。另外，你要懂得作者，得看过他的真画，这个看字看画，都要看行气[5]，要不是看得多的话，你可看不出来。比方说，你就坐在他旁边，跟他经常接触，跟他几十年，这东西是不是他做的，是不是他写的，你一眼就看出来了。那要不是他写的，别人学他写的，任何人学任何东西，都很难学到家。现在有所谓高仿，那是因为现在的技术手段太多了，有照相、激光，什么都有，那时候什么都没有，就靠自己的双眼和手，你想你能高仿得出来吗，很难的。他们作假的人怎么作假，这后来我们才知道，这里面水很深。我一看这事情不是像我们这个年龄能做的事情了，除非你特别爱哪件东西，你可以深究它。我觉得那一段时期对陶冶人是很重要的，所以博物馆是个陶冶人的最好的地方。

[5] 指一幅作品中体现出的创作者的功力及独有的特征。

刘谨桂：

要办“一二·九”（展览）[1]，在征集和了解“一二·九”相关资料时，也顺便了解了一些抗日战争的资料，就征集来了一些资料、照片，还找到一些老同志，他们参加了抗日，又参加了之后的革命，讲了一些情况。

（1966年）三月份开始，我们要出去征集文物。我、周文琪、赵其昌，还有一个搞美工的叫魏群，我们算一个组，还有其他的组。何继旺、梁旭毅、齐春芳——就是齐心、方一中、季华，他们几个又分别组成几个组，有的时候也打散重新编组。我和他们三位同志到平西、平北去征集文物，在一起的时间比较长。

因为要住老乡家里，我们就都背着行李卷。当时单位没有车，我们得到东直门那儿坐长途车。到哪呢？到过密云、平谷、怀柔、昌平、顺义这几个地方，最远的到过延庆海坨山。先到远的地方，后去近的地方。去一段时间，征集上文物后就背回来。比如说密云，我们到了四合堂。日本人曾在那里搞了“人围子”，把人关起来，是为了阻止人们和八路军联系、支持八路军。我们还去了白乙化[2]牺牲的地方——降逢山，听老乡们讲白乙化智战日本鬼子的英勇事迹。

我们每去一县，要先到县委报到，给县委看我们的介绍信。在平谷县（现平谷区），他们告诉我们：“你们到鱼子山[3]去，鱼子山那儿在抗日战争时受鬼子‘三光政策’[4]的危害最深，死的人也是最多的。”鱼子山可真是在深山里边，我们翻山越岭，还要问老乡：“老乡，我们到鱼子山还要多远？”老乡说还有七八里。当时我对七八里也没什么概念，走着走着，哎呦，走不动了。他们三个人在前面走着，我在后面一屁股坐下来了。仨人到山岗子一看，呦，后面人没了，三

[1] 即1965年“‘一二·九’运动三十周年展”。

[2] 白乙化（1911—1941），1930年加入中国共产党。1932年在家乡组建“平东洋抗日义勇军”，任司令。由于他好穿白衣，指挥作战灵活机动，人称“小白龙”。1941年，时任八路军晋察冀军区第十团团长，在指挥密云马营战斗中不幸牺牲。

[3] 鱼子山村位于北京市平谷区城区东北20里，坐落在一个曲折、狭长的峡谷中，周围都是连绵的群山，明长城从村北山上蜿蜒而过。抗日战争时期，鱼子山与盘山南北呼应，成为冀东西部抗日根据地中心区。

[4] 1940年8—12月的“百团大战”后，遭受沉重打击的日军惊呼：“对华北应有再认识。”随后从华中正面战场抽调2个师团加强华北方面军，对华北各抗日根据地进行了更大规模的“扫荡”，并实施所谓的“烬灭作战”，杀戮居民，对粮秣、房舍及其他物资设备进行彻底的破坏，也就是最初形式的、有系统的、有组织的杀光、烧光、抢光的“三光作战”。

人就回来找我。“怎么了，走不动了？”我说：“没事，我休息会儿，走得动。”不好意思说走不动，不能示弱的，就是硬撑着走。然后走着走着再问老乡：“老乡，我们到鱼子山还有多远呐？”“还有三四里。”再走再问，“还有六七里”。我心说：“坏了，越走越多，这怎么回事？”原来老乡们对这个里数的概念也不是很清楚，也没个标准，我按照我的理解，你按照你的，后来想想，真是笑死了。

走到鱼子山天已经黑了，就找村干部给我们安排住处。晚上找村干部、贫下中农开会座谈，收集抗日战争时的实物、资料：在座的人谁参加了？你们怎么打日本的？八路军怎么发动群众的？在你们这儿怎么得到掩护的？你们还有一些什么当年打日本鬼子用过的东西（看见的、知道的）？第二天，他们就带我们去找那个藏八路军伤员和粮食的山洞，还带着我们去找制作武器的兵工厂，魏群负责拍照。当时我们技术没有这么好，如果展览需要用的话，片子还要到新华图片社去放大，这类底片，馆里照相室也许有存吧。白天我们到老乡家里问：“你们家还有过去打日本鬼子时用的什么东西吗？”老乡们真认真，到处找，在猪圈里、羊圈里、鸡棚里，还真找到不少，有手榴弹外壳、正在盛鸡食的钢盔、鬼子的武器、棍棒枪、土枪土炮等，还有一种叫“牛腿炮”[5]，一骨碌一骨碌的，像牛腿似的，那些东西好重。我们都要背回来，那都是宝贝呀，我们都高兴死了。一样也不能丢，一样也舍不得丢，多么累也要拉回来。

有一次可能征集得比较多，就先背到县城，在那儿用单位租的卡车拉了一次。我们从鱼子山烧焦的房子遗址中扛回来了一根烧焦的木头，这可是好东西，这是证据。因为搞展览要有旧的东西，光说烧毁了什么不行，要有东西。像鱼子山也有兵工厂、被服厂，也有藏八路军的山洞，到处都有实物，说明老百姓在抗日战争时候真的特别支持八路军。我们

[5] 明清时期称为“涌珠炮”、“威远炮”或“牛腿炮”，具备早期火炮的特征。铁炮总长100余厘米，重近100公斤，炮口直径10余厘米，向下逐渐展宽，后又收窄，形似竹节。

还征集到了没做完的军鞋以及做军鞋的工具，等等。其中特别珍贵的是白乙化亲手签发的妇女学习班结业证书。

然后我们又到延庆征集，他们三位男士去了海坨山[6]，没让我去，说爬山太危险，还说给我带吃的回来。他们回来说山上还积着厚厚的雪呢，什么吃的也没有，给我带了条六道木拐杖。这是当地一种树木，很硬实。我们三人还去了大庄科，要翻过一道又高又陡的山梁子。大庄科的人民在抗日战争中也涌现出了不少英雄儿女。我们又去了四海，记得那是平原地带。当我们背着文物走得又累又渴时，多么想赶上一辆大卡车带带我们呀！可在山区里哪有马路，即使偶尔碰上一辆卡车，人家也不停下带我们呀！

[6] 海坨山位于延庆区张山营镇北部与河北赤城县交界处，主峰海拔2241米，是北京第二高峰。海坨山区1940年夏天成为平北抗日的指挥中心。

张宁:

第一，首都博物馆的钱币，是“文革”时期征集到的。当时收到了上级指示，说要抢救。钱币收集工作，很长时间都不受重视，炼铜时又都化为灰烬。好像是胡耀邦[1] 主持工作时，决定将此提上日程，加以收藏和保护，不然早已化为乌有了。

第二，就是佛像，佛造像，这个我们都参加了。有两个来源：一个来源是我们直接到北京有色金属冶炼厂（北京铜厂），在准备拉去炼铜的“破四旧”的废铜烂铁中捡回来

[1] 胡耀邦(1915—1989)，中国无产阶级革命家、政治家，中国共产党领导人。中华人民共和国成立后，任团中央书记处书记、第一书记。1980年当选为中共中央总书记。1981年当选为中共中央主席。1987年1月辞去中共中央总书记职务。主要著作编入《胡耀邦文选》。

题名：北京市文化局关于回收废钢铁的情况

007 6

第 页

70年1～11月清理、回收废钢铁情况表

单位	全年回收计划(吨)	实际回收数(吨)	完成回收计划(%)
自然博物馆	8	12.14	152
美术公司	12	18	150
中国书店	8	10.76	135
外文书店	7	9.4	134
电影发行公司	7	9.2	131
新华书店	13	15.56	121
托儿所	2	1.62	81
天文馆	10	4.98	49.8
文物管理处	15	6.2	41.3
北京评剧团	10	4.03	40.3
工程队	20	7.79	39
中国京剧团	10	3.48	34.8
长征文工团	8	1.75	21.85
工农兵画院	5	0.9	18
定陵博物馆	7	1.19	17

7

北京市档案馆

北京市文化局关于回收废钢铁的情况

1970年1—11月清理回收废钢铁情况表

档案号164-002-00318第7页

资料提供：北京市档案馆

的。那块都是从各地“破四旧”弄来的，堆得跟山一样，我们就捡了一部分，这部分是少数。另一部分，青海的寺庙在“破四旧”的过程当中，把有些铜佛从寺庙里面弄出来了，运到北京。首都博物馆抓住了这么一个机会，抢救性地保管了几十万件文物，那些大部分都留在首博了。后来在白塔寺举办了一个“万佛展”，可以说白塔寺现在那么多铜佛，都是经过我们的手捡来的，并且都是品相特别好的，大大丰富了首都博物馆的藏品。

1972年10月6日，从北京市物资回收公司金属供应站的废铜中拣选的西周青铜器班簋碎片及修复后的班簋

资料提供：首都博物馆

第三，在这个阶段，还去了各区县的废品站，去捡文物。文物管理处有三队，有一部分人负责去废品站拣选。提到“文化大革命”期间的拣选工作，还应提到在此工作中有贡献的程长新、呼玉衡、张金榜诸位同志，是他们不辞劳苦地从市区的废品站，把许多珍贵文物抢救回来。如首博藏品中的国宝——班簋，就是程、呼二人拣回后，经修复呈现原貌。我因也参加过此类工作，所以记忆犹新。

1981年首都博物馆正式恢复之前，虽然名义上解散了，但有些业务也并没有完全停止。现在文物局里面有个北京文物出口研究所吧，就是原来的鉴定组，马希桂原来当组长，我在他后边当组长，那时候文物出口鉴定这个所是附属在首博里面。后来因为这个机构是代表政府权力的机构，附属在首博不合适，于是就划出去，演变成在文物局有个文物研究所。

再有就是通县，有个三间房，大概就是（二十世纪）七十年代中期吧，那时博物馆还没有正式挂牌呢。那时候北京工艺品公司从全国各地买回来很多工艺品，还做文物批量出口，国家觉得这样出口不好，这经营文物是文物部门的事，你这外贸部门，不能做文物批量出口。后来上级就出个政策，说从某某年代开始，以后不能经营文物了。但是公司库房里还有大批没有外销的文物，怎么办呢？国家采取征购的办法，即给你一定的钱，但这东西都归文物部门。文物整体一分为二，先让博物馆挑，好的东西归博物馆，能够出口卖的东西归文物商店。这样，首都博物馆就收藏了很多的铜杂，杂七杂八的，主要是通过这个途径来的。

因此，首都博物馆的文物大量增加了，这是一个首都博物馆收藏文物的丰收年，一大批啊。当然，这些收藏，都是在特定的历史时期，从所谓“破四旧”的垃圾堆中抢救出来的。这是不幸中的万幸。

文物的管理与保护

虽然博物馆还在建设筹备中，但老一辈博物馆人对文物都非常用心，无论是征集、管理，还是日常工作中的搬运、保护，都尽心尽力，唯恐有半点闪失。费群、吕维、刘谨桂、薛婕、张宁五位老同志口述了这段时期照顾文物的亲身经历。

费群：

口述人：费群
曾用名：费淑琴
第一次口述采集时间：2019年9月6日
口述采集地点：北京市西城区复兴门外大街16号 首都博物馆

我呢到上学时候我就去上学，到回来工作时候我就回来工作。1950年我读高一，学校是私立中学（北京市协化女子中学），因学费昂贵交不起而退学在家，边学习边找工作。我在1951年4月考入新华书店，新华书店又合并了中华书局和商务印书馆，他们把我交给一个商务印书馆的同志带。

1966年下半年我调往文物商店，这是咱们系统的。随后去的地方有几个：一是拣选文物；二是专案组；三去干校；四是去故宫，去讲解十七省的“文化大革命”期间出土的文物展览，我讲北京部分；五是国家博物馆，去布展；六是大葆台汉墓，在那一个是财务管账，一个是收出土的文物，出来就收[1]。“文化大革命”这一段以后，我就是文物（化）局的人了。后来要成立北京市文物清理小组。开始的时候是轮着班来，你去一个月，回来换我，我去一个月换他，他去一个月再换，轮流去。到最后不知道为什么，到我们那一批，整个留下了，不再换了，这样我就是首博（筹备处）的

[1] 指文物从现场出土后，进行的登记、分类、编号工作。

人了，最后回来就是管账[2]。

我回首博筹备处之后，在孔庙后院一个棚子里办公，就是管账。我第一笔账是要给《大事记》[3] 两本书捋出数据，文物数据[4]，我觉得这个事对我来说很有用，因为我就可以去查数据和单据什么的，我觉得这个机会很好。老原[5] 弄的起始账非常好，很复杂、很全面、很科学。因为这个事，我把账整个都翻了。来找我的是喻震，说要做《大事记》，得要多少多少数据。那总账都在那儿了，我说："行，你说吧，都要什么？"我给他弄了三个月。我还不能完全弄这个事，我自己那儿还有工作呢。那个时候不像现在，查抄的东西退了又回来了，哎呦弄得那乱。这次统计的主要是家底，很复杂的。老原的这单据、他弄的这起始账，非常科学。好几个人告诉我，说费群你去了以后，你把他的账重新弄弄，别弄得这么复杂，说吃面条，就是面条。我说那不行，那这里有炸酱面，有芝麻酱面，有卤面，得记清楚。我跟小杜[6] 两人都研究过，小杜也说减哪个都不行，这都互相牵扯着，所以老原他的账相当好。

我们在办这个事之前出过一趟差，上西安去。西安的东西丢了，好多是字画。在吃饭排队的时候，梁丹拿着报纸跟我说："你看，说丢那东西连账都没有。"后来国家文物局知道咱们北京的账好，就让我们从北京去一趟西安。我就跟这个原老头，两人去了西安。到西安一看，哎呦，哪有账啊。一看不行，如果要弄，他得重新立账。办完了我们就转到南京去。南京的账好，跟咱们的账有点类似，不过呢，咱们还是比他们多了两项。我们又去了趟上海，上海的账好。

我在那的时候，一年要盘一次库，基本上文物都跟我这个账能对上。你跟我这个账要是不对上，比如我这个账上是一百件，你那是九十九件，我就得追你那一件：你是摔了还是丢了，还是放到别的地了，你一定要给我找出来。尤其是

[2] 指文物的登记、造册、管理。

[3] 《大事记》或《文物志》，口述人表示已记不准确。

[4] 此项工作统计的主要是文物分类及数量。

[5] 原增信（1927—2017），曾用名原秀璧，中共党员。1956年10月调入北京市文物调查研究组任会计，之后在文物工作队以及首都博物馆筹备处长期从事文物账目管理工作。1986年离休。

[6] 杜欣（1957— ），首都博物馆退休员工，曾任保管部副主任，主管总账工作。

库房里退休的人，你得给我对上。你不给我对上，你就说出来，哪借去了，而且你得把借条拿给我，签的字你给我看看。我们那时候跟老原是这样干的。

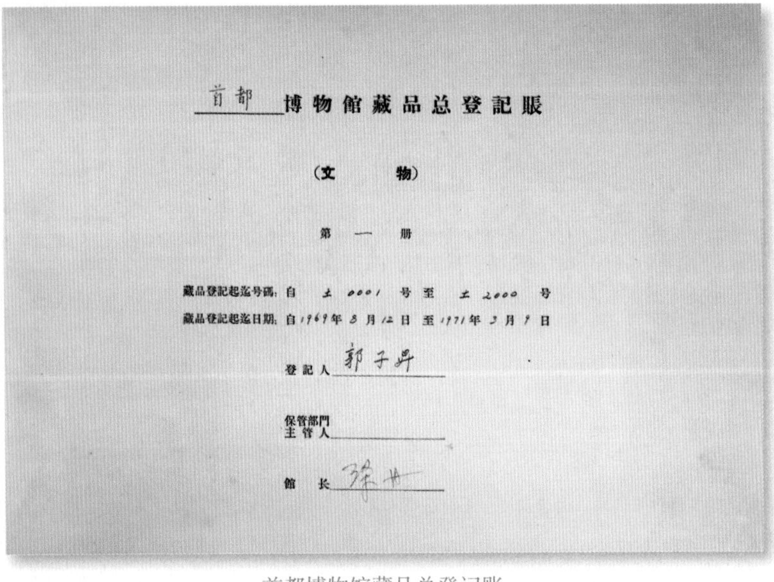

首都博物館藏品总登記賬

（文　　物）

第　一　册

藏品登記起迄号碼：自　土0001　号至　土2000　号

藏品登記起迄日期：自1969年8月12日　至1971年3月9日

登記人　郭子昇

保管部門主管人

館　長

首都博物馆藏品总登记账

第一册封面

资料提供：首都博物馆

吕维：

“北京市文物清理小组”在府学胡同时，房屋有限，主要用于办公，因此多数文物均存放在孔庙。因为文物定为一级、二级或三级等要由有资质的专家决定，而我们文物清理小组的文物专家主要是来自文物商店的员工，这些文物还没有经故宫和博物馆的文物专家鉴定，因此一律称为“二级文物”，所以我们的“珍品库”就称为“二级库”。后来珍贵文物越来越多，就需要有专人负责管理，而我恰巧被选中去负责管理“二级库”。为什么我后来到鉴定组？因为我在二级库待过，二级库里所有好东西我都见过了，所以基本知道。

我和闪淑华及李孟东三人被选为“二级库”接待室的工作人员，他们两位来自北京文物商店，对文物比较内行，而我对文物却是个“白丁”。但是我很幸运，自从让我做这项工作后，认识了许多专家，见到了许多极为珍贵的历史文物，如汉代的《乙瑛碑》拓片及各个朝代著名的初拓碑帖，唐朝的诗经，宋代著名画家的原画，明清两朝大量名家字画等精美作品，还有各种材质的名人图章，包括玉、铜、鸡血石、田黄石、寿山石和青田石等。此外，还有从未见过的各种奇珍异宝，不一而足。想不到我这辈子居然有这样的特殊机会，见到这么多品种丰富、涵盖了各朝各代的珍稀文物，也真是三生有幸了。

20世纪70年代初，吕维（右）和齐心（左）合影

资料提供：吕维

刘谨桂：

1968年11月北京市文物管理处成立。不久，首博筹备处和文物工作队都搬到东城区府学胡同36号办公。在这之前，就有个文物清理小组在这里办公了，由一个姓贾的男士领导清理“文革”中“破四旧”的文物、图书等物品。我参加过文物清理小组，在孔庙大殿清理过图书。当时小组内，原来在中国书店搞书的就搞书，原来在文物商店搞文物的就搞文物，还有可能原来就是行政人员的，一个叫潘谦的，负责后勤。当时的编制叫一队、二队、三队和后勤，首博筹备处的人、文物工作队的人和清理小组的人都混编到一起。一队是搞文物的，负责文房四宝、珍珠玛瑙等，好多人是从文物商店来的。我们是二队，专门清理图书，那时候是我在负责。在孔庙大殿里边，就是有“万世师表”牌匾的那个殿，里边没有别的东西，全是书。二队的同志大部分都来自中国书店。我们分完了经、史、子、集，都捆起来，一捆一捆的，捆得挺结实，绝对不会散。那时候书店的人会干这个事，就教给我们怎么捆。一般不让我捆，就让我捡。我说学一学，我也要捆，这也是一个技术，虽然是个简单的技术。我捆得也挺好，所以搬家的时候我的书都自己捆，捆得挺结实。从那儿捆起来，摆在这边摆得整整齐齐的。我这几天在想一个问题：书到哪去了，不知道。我们只负责整理，而从哪来的，到哪去，不知道，也没问。

还有一些老同志，他们都给我们讲（那些书的事）。一个叫孙春华的，他就告诉我不少。我说你们真有学问，怎么一看这个书就知道是什么书，知道它里边大概写的内容。真的，他们都没上过学的。他说他们都是“书皮哲学”。我想那也不错啊，就是看多了嘛。就像搞文物的那些老同志，他也没经过什么系统的训练，但是他一看到这个东西：是什么年代的；真的假的；要是仿制的，是什么年代仿制的？他一看就知道，我就不懂，这个就是看得多了。

薛婕：

“文革”前的这个文物库房里头，负责人叫李庭倩，大家喊她李大姐。她这个叫保管组，这儿的文物，基本上来源就是解放后没收来的，有什么银行来的，还包括北京地区出土的。保管组里头当时的老人呢，有郭子昇、原增信、高桂云，还有一个人叫庄芬玲，这个人可能还算年轻一点。你像齐心是（19）61年来的，我是（19）64年，那（19）61年到（19）64年之间这三年，我肯定就不了解，齐心了解。马馆长（马希桂）是（19）61年来的，“文革”前，他就跟着杨文礼学文物鉴定，去了海关这块[1]。还有吴梦麟，吴梦麟最后去了古建所[2]。张宁和袁世贵我们都是（19）64年来的，整个经历了“文革”，从开始入库一直到最后……当然他们最后都成业务组的了，其他的管陈列什么的。

“文革”前保管文物的规章制度，我不介入，不知道。但要说的话，看保管部的工作还是很严谨的，有总账。过去那时候有总账、文物来源账、分类账，有导卡、索引卡。导卡是总账组有，就是哪类东西的卡他都有。好比你来要书画，那他就先给你查书画，把那个导卡的总号告诉你。然后还有索引卡，像我们库房里头有的就是这个索引卡，就是这类的文物在你的库里头，搁到哪个柜子里了，多少编号，等等。只有一套索引卡，就是你一来了，你能从总账组拿来分类，到我这儿一看索引，我就给你按着查。你说要查砚台，我就给你查编号，就能知道砚台搁到哪。还有个存放位置卡，每张卡片都写着存放在什么库里头，在首博的时候，分为甲、乙、丙、丁库。

关于办公室的布局和结构，北海公园的琉璃阁，就是现在文研所[3]那房子，是有东西厢房的，坐北朝南，窗户朝

[1] 此处应为出口文物鉴定组。

[2] 北京市古代建筑研究所。

[3] 北京市文物研究所。

阳。馆领导的那房子呢，实际上也是坐北朝南。办公室这一排房子，后头就是东房、西房，坐东朝西的是资料室，坐西朝东的是保管部，办公室和首博筹备处的一间办公室都是坐北朝南的，真正行政科倒是坐南朝北的，但是是后盖的小房子，用的都是石棉瓦了。最早的时候文化部文物局有一个老处长，叫朱欣陶，据说他主持了这个房子的建盖，行政科的房子比这个房子还要晚，我们会计室、总务、照相室，都在那排小房子里办公。我们分甲、乙、丙、丁库房，在索引卡上就写着哪个库，文物在的库先定了，知道在哪间房子里，库里有柜子，有门，哪个柜，几层，多少号，到那儿去就能把这个文物找上了。所以当时保管部的一个工作要求就是“及时归库”，就是你当天、本次用完的东西，不要在外头停留。比如说中午该吃饭了，说先把这东西搁这儿，它也丢不了，我们先吃饭去，那不可以。无论早晚你都要做到四个字——及时归库。办公室也没有多大地方，一人就是那么一张桌子、一把椅子的地儿。所以我觉得这个规章制度虽然很简练，但是大家遵守得都很好，还是有条不紊的。

在国子监的时候文物保护的环境，应当说，在当时的条件下做了很大的努力。首先就是做到文物件件有包装，文物库房外头都有门，有的比较

1979 年 12 月，薛婕铃盖印谱

史和平同志摄于北海公园办公室

资料提供：首都博物馆

1967—1968年间，薛婕在孔庙
资料提供：薛婕

高级一点的文物呢，还都有高级的保险柜。同时分工也很严谨，文物库房的管理员是两个人为一组，一个人是不允许进库的。由总账组管理着库房进出的登记，每天的工作要写一个概述。出入库房的时候要有准确的第二落脚地点，就是说我搬着这东西要上哪儿去，必须事先知道是到哪个库房或者到哪个办公室、到哪个展厅，这都有一定的路线。同时有保卫科的人，也是两人一组配合我们工作。所以这么多年我经手这么多的文物，始终能够按照国家文物局的要求，做到不损坏、不丢失，文物及时归库。可以说，最后是非常踏实地签名画圈，移交文物。

凡是进入库房里的文物，它的安全系数还是非常有保障的。但是在提用文物的时候，特别是运输文物的时候，我们都是小心翼翼的。当时的环境很简陋，都是平房。而且咱们也知道，那个院子[4]都是古建，地都是那种大长方砖，

[4] 即孔庙院内。

经过雨水的冲刷、浸泡，高低不平。还有好多古树，因为年代久远，都百年以上了，树根都从砖上翘起来了。有的时候抬着（文物）走，你要不注意，是非常容易出问题的。但是保管部的人员还是提高了警惕和安全系数。我们当时工作的工具，最大的工具就叫抬筐，实际是一个长方箱子，前后出来两个把儿，前头一个人抬，后头一个人抬，走路的时候很小心，特别是前头抬的人。像我呢还好一点，因为我个儿矮，又是女同志，一般我走在前头。所以我走路的原则一个是慢，再一个呢从远处一定要把近处两三米的路程都看好了，躲避那些高低不平的地。同时，不断地提醒后头，说这儿有一个树根啊，或者说这块砖头有点翘啊，就用这种话来提示一下后边的保管员。像我们原来在孔庙国子监的时候，是从后院走到中院，也是将近两三百米的距离。那么这点距离呢，保卫科是很配合我们，先把观众或者不必要的人等稍微疏散一下。我们运文物，会躲开天气不好的时候，以及一些对器物不利的情况。比如说抬书画，要在那抬筐上头，盖上一块我们所谓的苫布，这样的话遮风挡雨，挡阳光的直射。同时，我们在搬运文物的时候，讲究不能裸搬。不能把文物直接搁到那大抬筐里头，一定要搁废报纸、废纸屑垫底，给它一个安全的保护，避免文物直接和抬筐周围的空档接触。因为当时的条件做不到每件器物都有囊匣，所以大多数的时候要靠人工来手搬，一定要人为地来考虑文物临时的安全，每次都是非常谨慎的。

虽然这个专业的面很广，但是我觉得，首先我自己努力得还不够，做不到对我所管的这些文物都有所研究，投入不够。“文革”期间国家是很困难的，我能做到的，是经手数十万件器物，无一丢失和损坏，这些文物的上手经验的积累，对于我来说是非常重要的。我从心里非常感谢那些帮助和指导过我的先生和老同志。

张宁：

民俗文物展览最早在孔庙展览过，内容是春节、中秋节等四个节日，规模没有那么大，是一个基础、雏形，能够坚持做下来，我觉得也是难能可贵的，我们今天就看到效果了。我记得我们有一年春节还去了中山公园，办了一个小型的春节民俗展览，这是在梁丹当馆长的时候，大概是1982年，那都影响不大，算外展，当时外展就是还没出北京市吧。因此，我就联想到一个问题，一个对博物馆而言很重要的问题：它是要记述历史，而这历史是多方面因素组成的，不是仅“革命”或者“反革命”一句话。过去征集的时候就太偏重于革命文物了，难道另外一面（反革命）它就不是文物了？作为青年文物征集工作者，一定要眼界开阔一点，有些东西你不征集或者太过于只看眼前，最后损失的还是社会。这一点我是有深刻体会的，尤其是北京作为政治文化中心，有些涉及文化方面的、政治方面的历史沿革的东西，我还是建议要全面地来做相关的征集工作。

比如说有一个事，原来考古队有一个人叫张先得[1]，他是一个搞美术的，这人就很有心，当时听说哪座城楼要拆了，他就去画素描。最后他出了一本书[2]，这书就是一个很有意义的历史记载。现在要是恢复北京古都风貌，你有这个能参考。除前门、德胜门以外，有些几乎荡然无存了。因此我觉得有些东西随着城市的发展消失了，消失的东西，你要不抓紧去抢救，就机不可失、失不再来了。

说到民俗文物，有一件事我记忆犹新，因为当时的政治形势就讲革命，讲阶级斗争，“破四旧”，这民俗的东西往往还被认为是“四旧”的东西，即旧思想、旧文化、旧风俗、旧习惯。这些东西从征集到展览应该说并不是一帆风顺

[1] 张先得（1929—2020），1947年考入国立北平艺术专科学校，1950年分配到北京电影制片厂美工科。1952年从北京外城城墙被陆续拆除开始，他以写实的手法绘制了大量的北京城门水彩画。主业之余，他自修考古学和北京史。自1974年参加大葆台西汉墓发掘后，又陆续参加了多个朝代墓葬的发掘工作，发表多篇考古文章，成为首批中国考古学会会员。

[2] 《老北京城城门水彩画集》，北京燕山出版社，1990年。

的，包括有些局长在内，很多人对这些东西都有看法，赵先生（赵其昌）当时还是坚持收藏、展览这些，应该讲他确实是看得远一点。我认为首都博物馆民俗展览是从赵其昌当馆长、我当副馆长、郭子昇负责文物征集的时候打下的基础，许多比较重要的民俗文物从那时候就开始征集，不断地丰富，才有今天的这个民俗展览。这是发扬北京历史民俗的一个很有特色的展览，我觉得是那一段打下的基础。这里，我要特别补充一点：就是首博馆藏文物中，还有些个人捐赠品，如戏剧表演艺术家马连良先生的行头（戏装）。另外，还要从保管部文物卡片中查一查收捐赠文物这一项，加以补充。我们不能忘记这些对首博建设有功的故人。

另外，现在不是还有人提出来非物质文化遗产？无形的，比如录音呀，这种东西也得重视。尤其是拿给现在的青少年，能听听声音。比如我说到中山市参观孙中山纪念馆，突然放出来孙中山当时的讲话录音，那（感受）是别的不可取代的。我觉得这征集工作也是博物馆的一个很重要的业务。我们当时限于经济的困难，博物馆不要说想申请一年10万块钱，5万块钱的征集费都没有，能征集什么呀？现在我觉得倒是有这个经费了，文物市场上的费用也贵起来了，征得起吗？也太贵了。你看，什么事都得一分为二地看。

展览篇

出土文物系列展览

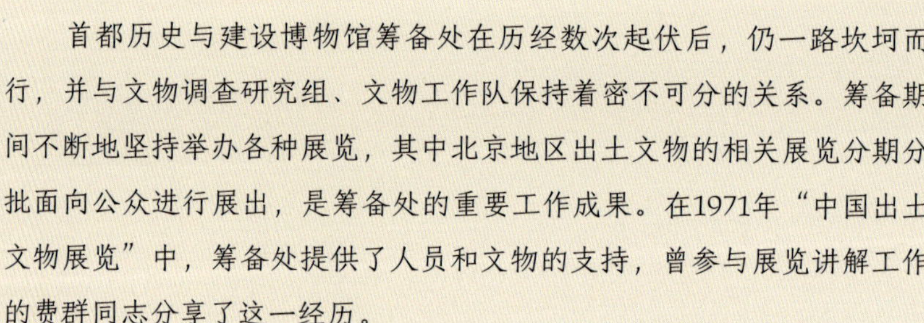

首都历史与建设博物馆筹备处在历经数次起伏后，仍一路坎坷而行，并与文物调查研究组、文物工作队保持着密不可分的关系。筹备期间不断地坚持举办各种展览，其中北京地区出土文物的相关展览分期分批面向公众进行展出，是筹备处的重要工作成果。在1971年“中国出土文物展览”中，筹备处提供了人员和文物的支持，曾参与展览讲解工作的费群同志分享了这一经历。

北京出土文物展览系列[1]

1954年2月18日，北京市人民政府批准首都历史与建设博物馆筹备处正式成立，与北京市文物调查研究组合署办公，主要工作由市文物组兼管。天坛内的七十二长廊和宰牲亭作为展览地点，划归博物馆管理。1954年3月8日至4月11日，首都历史与建设博物馆筹备处同北京市文物调查研究组一起，举办了成立后的第一个展览“北京出土文物展览”，在北海公园天王殿展出三年来在建设工程中出土的重要文物841件。

[1] 此部分内容来自《北京文物博物馆事业纪事1949—1978》，北京市文物事业管理局，北京，1994年。

“北京出土文物展览”

资料提供：首都博物馆

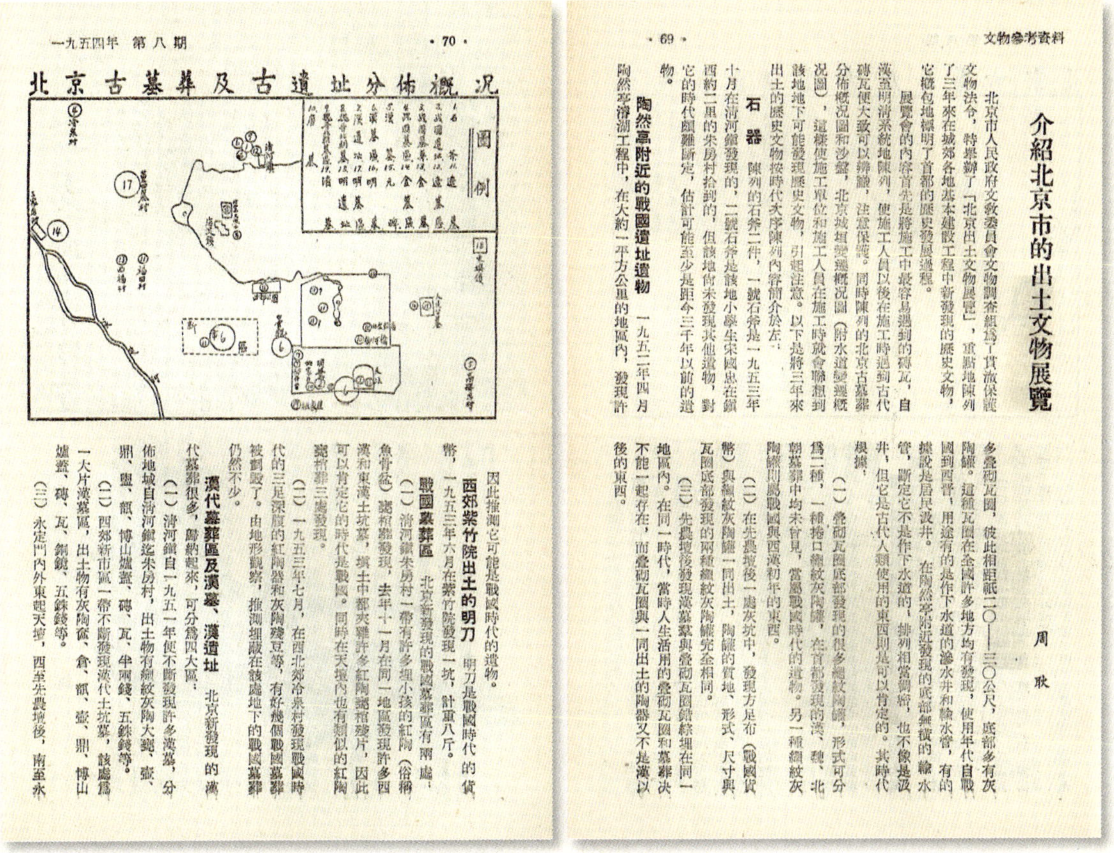

介紹北京市的出土文物展覽

周 耿

北京市人民政府文教委員會文物調查組爲了貫澈保護文物法令，特舉辦了「北京出土文物展覽」，重點地陳列了三年來在城郊各地基本建設工程中新發現的歷史文物，它概括地標明了首都的歷史發展過程。

展覽會的內容首先是將施工中最容易遇到的磚瓦，自漢至明清系統地陳列，使施工人員以後在施工時遇到古代磚瓦便大致可以辨識，注意保護。同時陳列的北京古墓葬分佈概況圖和沙盤，北京城垣變遷概況圖（附水道變遷概況圖），這樣使施工單位和施工人員在施工時就會聯想到該地地下可能發現歷史文物，引起注意。以下是將三年來出土的歷史文物按時代次序陳列內容簡介於左：

石　器　陳列的石斧二件，一號石斧是一九五三年十月在清河鎮發現的，二號石斧是該地小學生宋國忠在鎮西約二里的朱房村拾到的，但該地尚未發現其他遺物，對它的時代頗難斷定，估計可能至少是距今三千年以前的遺物。

陶然亭附近的戰國遺址遺物　一九五二年四月陶然亭滑湖工程中，在大約一平方公里的地區內，發現許多疊砌瓦圈，彼此相距祇二〇——三〇公尺，底部多有灰陶罐。這種瓦圈在全國許多地方均有發現，使用年代自戰國到西晉，用途有的是作下水道的滲水井和輸水管，有的據說是居民汲井。在陶然亭附近發現的底部無横的輸水管，斷定它不是作下水道的，排列相當稠密，也不像是汲井；但它是古代人類使用的東西則是可以肯定的。其時代根據，

（一）疊砌瓦圈底部發現的很多繩紋陶罐，形式可分爲二種，一種捲口繩紋灰陶罐，在首都發現的漢、魏、北朝墓葬中均未曾見，當屬戰國時代的遺物。另一種繩紋灰陶罐則屬戰國與西漢初年的東西。

（二）在先農壇後一處灰坑中，發現方足布（戰國貨幣）與繩紋灰陶罐一同出土，陶罐的質地、形式、尺寸與瓦圈底部發現的兩種繩紋灰陶罐完全相同。

（三）先農壇後發現漢墓葬與疊砌瓦圈錯綜埋在同一地區內。在同一時代，當時人生活用的疊砌瓦圈和墓葬決不能一起存在，而疊砌瓦圈與一同出土的陶器又不是漢以後的東西。

北京古墓葬及古遺址分佈概況

圖例

因此推測它可能是戰國時代的遺物。

西郊紫竹院出土的明刀　明刀是戰國時代的貨幣，一九五三年六月在紫竹院發現一坑，計重八斤。

戰國墓葬區　北京新發現的戰國墓葬區有兩處：

（一）清河鎮朱房村一帶有許多埋小孩的紅陶（俗稱魚骨盆）甕棺墓發現，去年十一月在同一地區發現許多西漢和東漢土坑墓，填土中都夾雜許多紅陶甕棺殘片，因此可以肯定它的時代是戰國。同時在天壇內也有類似的紅陶甕棺葬三處發現。

（二）一九五三年七月，在西北郊冷泉村發現戰國時代的三足深腹的紅陶器和灰陶殘豆等，有好幾個戰國墓葬被翻毁了。由地形觀察，推測埋藏在該處地下的戰國墓葬仍然不少。

漢代墓葬區及漢墓、漢遺址　北京新發現的漢代墓葬很多，歸納起來，可分爲四大區：

（一）清河鎮自一九五一年便不斷發現許多漢墓，分佈地域自清河鎮迄朱房村，出土物有繩紋灰陶大甕、壺、鼎、盤、甑、博山爐蓋、磚、瓦、半兩錢、五銖錢等。

（二）西郊新市區一帶不斷發現漢代土坑墓，該處爲一大片漢墓區，出土物有灰陶奩、倉、甑、壺、鼎、博山爐蓋、磚、瓦、銅鏡、五銖錢等。

（三）永定門內外東起天壇，西至先農壇後，南至永

《介绍北京市的出土文物展览》

周耿发表于《文物参考资料》1954年第8期，第69-82页

圖五　北京高碑店村漢墓出土的扁俑——舞人

圖六　北京清河鎮漢墓出土的陶雞和陶鴨

圖七　北京清河鎮出土的漢代陶樓

圖十九　北京北京飯店工地出土的明成化官窰綠龍瓷碗

《介绍北京市的出土文物展览》

周耿发表于《文物参考资料》1954 年第 8 期，第 69-82 页

1956年底至1957年，首都历史与建设博物馆筹备处与北京市文物调查研究组在天坛长廊先后举办“首都出土历史文物展览”“北京重要出土文物展览”“北京市出土文物展览”，展出1949—1956年在北京地区出土的文物。

1960年12月，中共北京市委决定：因国家经济困难，撤销首都历史与建设博物馆筹备处，该处承担的相关工作移交北京市文物工作队。但实际上承担工作的人员都是同一批人。1963年6月，北京市文化局指示市文物工作队筹建“首都博物馆”，市文物工作队抽调5人负责此项工作。7月，“北京市出土文物展览”在北海公园天王殿举行。从1949年后北京地区出土的8万多件文物中挑选了700多件进行展出。同年11月，“首都博物馆筹备处”正式得以恢复。次年6月，“北京市出土文物展”在北海公园天王殿举办，展至10月。

1968年11月29日，首都博物馆筹备处与北京市文物工作队、北京市古书文物清理小组合并，成立北京市文物管理处。1972年5月30日，北京市文物管理处拟就《北京市出土文物展览计划》。

“北京出土文物展览”

资料提供：北京市文物局图书资料管理中心

题名：北京市文物管理处关于文物展览的报告　010

北京市档案馆

毛主席语录

学习我们的历史遗产，用马克思主义的方法给以批判的总结，是我们学习的另一任务。我们这个民族有数千年的历史，有它的特点，有它的许多珍贵品。

传世文物展览计划

无产阶级文化大革命以来，在伟大领袖毛主席的革命路线指引下，在广大工农兵群众和红卫兵的支持和协助下，我处通过收购和征集，搜集了一些珍贵的文物和字画。这些珍贵的文物字画过去仅仅只为少数人所收藏和欣赏，而现在已归国家所有，为了使这些祖国的珍贵文化遗产能"古为今用"，我处拟举办一个传世文物的展览。首先向领导机关和首长汇报文化大革命以来的文物收集工作然后，在展览的基础上，出版文物字画图录。

（一）展览原则

以现有文物资料库收藏的文物、字画为主，精选出有历

10

题名：北京市文物管理处关于文物展览的报告　011

北京市档案馆

史、艺术价值的历代字画和文物，分批轮换展出，每件文物和字画力求标出准确的名称、年代及著者，使观者看后有所了解。展览以自力更生、勤俭节约为原则，少花钱，多办事，尽量利用原来的库房设备，目前库房柜子不适用的，另作个别调整，展览柜尽量选择库房内具有文物或艺术价值的木器家具，使其本身也成为展品。

（二）展览内容

共分四个部分，展出文物字画约600余件

第一室（原资料接待室）

字画，从元——清，约300件

碑帖，从宋拓——清拓约15册

第二室（原6号库外间）

文房、笔、墨、章、砚、水盂等约100件

第三室（原8号库外间）

陶瓷，从新石器——西周——清约100件

第四室（原9号库）

杂项（玉、铜等）从三代——清约100件

11

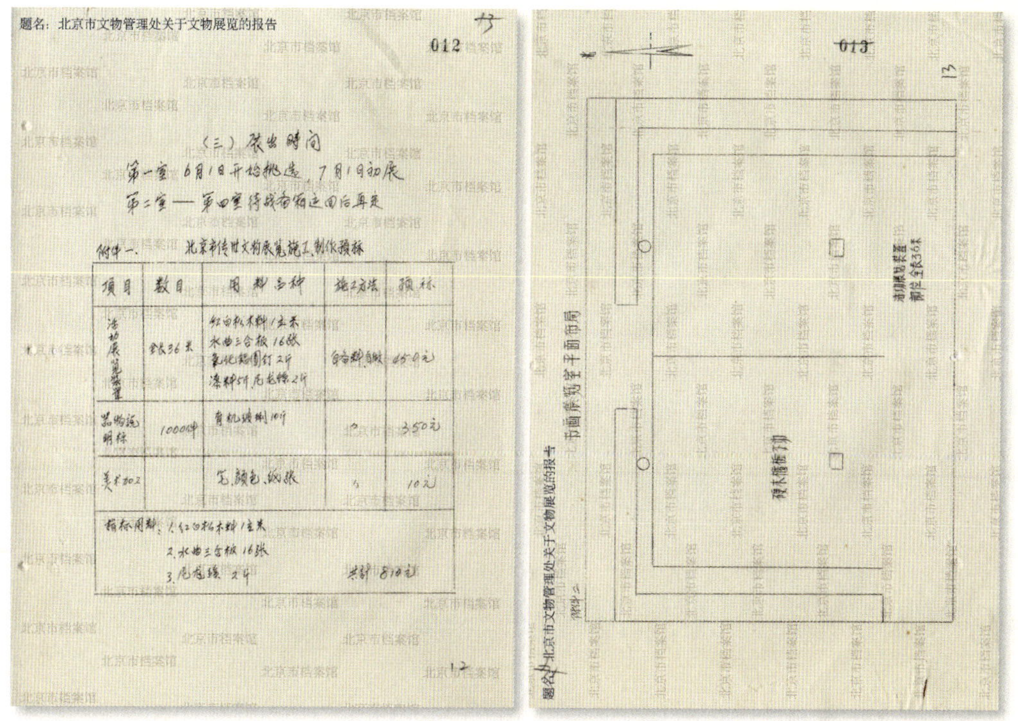

题名：北京市文物管理处关于文物展览的报告

012

（三）展出时间

第一室 6月1日开始挑选，7月1日初展

第二室——第四室待战备箱运回后再定

附件一、北京市传世文物展览施工、制作预算

项目	数目	用料品种	施工方法	预算
活动展览装置	全长36米	红白松木料1立米 水曲三合板16张 氯化铝圆钉2斤 漆料5斤 尼龙绳2斤	自备材料自做	450元
器物说明标	1000件	有机玻璃10斤	〃	350元
美术加工		笔、颜色、纸张	〃	10元

指标用料：1.红白松木料1立米
2.水曲三合板16张
3.尼龙绳2斤
共计810元

013

书画展览室平面布局

附件二

题名：北京市文物管理处关于文物展览的报告

北京市文物管理处关于文物展览的报告

档案号 164-002-00454 第 10-17 页

资料提供：北京市档案馆

图为第 10-13 页

“传世文物展览计划”（1972年）

（一）展览原则：以现有文物资料库收藏的文物、字画为主，精选出有历史、艺术价值的历代字画和文物，分批轮换展出。每件文物和字画力求标出准确的名称、年代及著者，使观者看后有所了解。展览以自力更生、勤俭节约为原则，少花钱，多办事，尽量利用原来的库房设备，目前库房柜子不适用的，只作个别调整。展览柜尽量选择库房内具有文物或艺术价值的木器家具，使其本身也成为展品。

（二）展览内容：共分四个部分，展出文物字画约600余件。

（三）展出时间：第一室6月1日开始挑选，7月1日初展。第二室至第四室待战备箱运回后再定。

附件一：北京市传世文物展览施工、制作预算

附件二：书画展览室平面布局

1977年4月22日，北京市物资回收公司、市文物管理处、市文物商店共同召开“从废旧杂铜中拣选文物座谈会”，54个单位的61名代表参加了会议。同月27日，北京市文管处向市文化局提出建议：建立首都博物馆。11月22日，全市各区县的代表参加“传达全国文物、博物馆、图书馆工作学大庆座谈会精神会议”，参观了“北京市出土文物展”。1979年6月9日，北京市文物局向中共北京市委宣传部请示，要求恢复首都博物馆筹备处。9月，首都博物馆筹备处正式恢复，梁丹任筹备处主任。

“文革”期间出土文物展讲解

1971年夏，经周恩来总理批准，在故宫博物院慈宁宫举办了“无产阶级文化大革命”期间出土文物展览[1]，王冶秋局长负责，考古学家宿白[2]任顾问。各省市均选送文物并派人前往，首都博物馆筹备处也做出了贡献。1972年，美国总统尼克松访华期间，展览向外宾展示了新中国考古工作的成就。

费群：

（二十世纪）七十年代，外国人说咱们中国搞“文化大革命”什么都不干了，于是咱们就要弄一个十七省的“文化大革命”期间出土的文物展览。这个展览很有名的。需要讲解员，第一次派去的是何大姐（何显华），她五十多岁了，挺累的，后来是吴梦麟，再然后换我去的。

开始是先布展，也没头儿（没领导）。怎么没头儿？让王冶秋当这个局长——一个老头，胖老头——因为他在国际上也是有名的。但是王冶秋那时候在湖北干校劳动改造，军宣队没告诉他。回来后才让他当这个展览的头儿。

我们那布展好了，第一次接待的是尼克松，这我记得很清楚，让王冶秋陪同（接待）。那天下着雪，六点钟我就从家出来了，还差一点迟到。尼克松来了，是叶剑英陪同。王冶秋上去跟叶剑英握手，叶剑英也认识他，跟他握手。负责讲解的是考古所的刘观民[3]。刘观民是发掘河北满城汉墓的，就像咱们总说赵其昌是发掘十三陵的那个头儿一样。刘观民之前穿的那裤子，这儿（指膝盖处）一个（碗口）大补丁，我说：“刘观民怎么回事儿，到真正接待尼

[1]《无产阶级文化大革命期间出土文物展览简介》，《文物》1972年第1期。

[2] 宿白（1922—2018），中国考古学家。1952年任教于北京大学历史系考古教研室。1983年任北京大学考古系主任。学术贡献主要体现在建立魏晋南北朝隋唐考古体系和中国佛教以及研究的学术新体系等方面。著有《白沙宋墓》《中国石窟寺研究》《藏传佛教寺院考古》《唐宋时期的雕版印刷》等。

[3] 刘观民（1931—2000），考古学家，长期在赤峰开展野外考古，先后命名了富河文化、夏家店下层文化和夏家店上层文化，为中国考古事业做出了突出贡献。

克松的时候，那绝不能穿这个。”他不干，“我就穿这个，这就是我的本色，我家里抄了五次，我没有衣裳了，我所有的东西都没有了，我就是这一身”。他也是负责北京的讲解，我们值班的时候，每次到中午该吃饭的时候，他一定轰我走：“你回去吧，下午我们这俩仨人值班就够了。”我说那不行，我不能老是半天。“你走了以后，我脱了裤子要洗这裤子了。就没有的穿。”我们这个劝他，给拿出来衣裳，他也不换，这就拧上了。后来谁劝也劝不通，怎么办呢？宿白先生是他的老师，就找宿白先生去了。第二天，宿白先生拿来两身衣裳，给他叫到跟前，先跟他说的大道理，最后说：“我衣裳给你拿来了，换和不换在你。道理我也都给你讲了，你都听了，情况就是这个情况。你逆潮流不行。你永远记住我这句话。”后来他没言语，把这身衣服拿走了，换了一身衣裳。

讲解开始是按省市讲，刘观民讲解满城汉墓，下一个是西安的，西安讲完了之后是山西的……最后还有咱们北京的，就我上，我讲解。到后来就是一个人把这几间展室都讲下来。比如安排今天上午九点半你接哪个国家的团，你就提前在慈宁宫门口，站那儿等，汽车来了、人下来了你就迎上去接。可是真累！你想啊，讲解要求吐字要清，发音要准，这是有规定的。十七省市的方言土语不一样，外省市的人你怎么要求他？比如说骰子，咱们北京人普通话叫色（shǎi）子，外省市的人就讲塞子，你知道塞子是什么？翻译也愣，塞子，塞子……我走到跟前小声跟他说，就咱们玩的那个骰子，他就明白了。还有一个问题，安排讲解的时候，“欸欸欸，陕西的过来一个”。我们讲解员都互相不知道谁叫什么名：我是北京的，你是河南的，他是山西的。外省市三个月一换人。有时候外交部打电话预约：我有阿尔巴尼亚的代表团哪天要来，最后还撂一句，“我要北京的讲解员啊”。他就要北京的人讲，那就我上吧。

规定是一天一次讲解，但我有时候一天得讲三次。当时都有讲解文件。但也有回答不出来的问题，都是国内稀奇少见的。比如问你们中国

1974 年全国出土文物展全体人员合影

资料提供：费群（后排右四）

什么时候有的这个“小脚”[4]？记者也喜欢问这些。这小脚什么时候有的我还真不知道。你可以告诉他：“这个我还不知道，我查一查，告诉你。”但是不能胡说。还有就是各国的风土人情都不一样，有的时候，不单单是你的接待和给他的讲解，里面还有好多政治性的问题。咱们在这儿讲解期间，圆满地完成了这些年的工作。

[4] 指古代妇女的缠足。用布将女性双脚紧紧缠裹，使之畸形变小，行动受限。有学者考证缠足始于北宋后期，兴于南宋，明清进入鼎盛期。清朝被推翻后，孙中山正式下令禁止缠足。到了五四运动时期，缠足更成为革命运动和激进分子讨伐的对象，陈独秀、李大钊等人都曾撰文痛斥缠足对妇女的摧残和压迫。新中国成立后，缠足恶习被彻底废止。

革命建设主题展览

从最初“首都历史与建设博物馆”的名称可以看出，对博物馆的定位，一直是历史和建设两方面并重。在筹备期间，收集革命文物、策划展现社会主义建设成就的系列展览，一直是工作的重心之一，取得了不少的成果。齐心、薛婕、刘谨桂三位老同志讲述了参与其中部分展览的经历，还原了开拓事业的艰难。

首都十年建设成就展览

早在“建立首都历史与建设博物馆筹备座谈会”上，郑振铎局长就提出“凡是与北京建设发展有关系的都要加以表彰”，“博物馆要使人民对于北京市将来的建设发展更有信心”[1]。1955年2月16日，吴晗副市长主持召开“首都历史与建设展览的分期、对象及有关问题”座谈会。作为首都历史与建设博物馆筹备处建立时定下的目标，“首都历史与建设展览——首都社会主义建设时期”陈列提纲与陈列计划于1956年5月完成。1957年11月15日，北京市人民委员会决定由副市长王昆仑邀请各有关单位审定提出的“首都社会主义建设时期陈列”计划，张友渔、吴晗到会。1958年2月，中共北京市委、市人委决定：筹备处立即着手筹办“首都十年建设成就展览”，地点在北京孔庙，与市级各有关单位合办。1959年9月，“首都十年建设成就展览”初步就绪，经副市长万里审查，决定内部展出。

[1]《建立“首都历史与建设博物馆”筹备座谈会记录》，档案号011-001-00128 第13-26页，北京市档案馆。

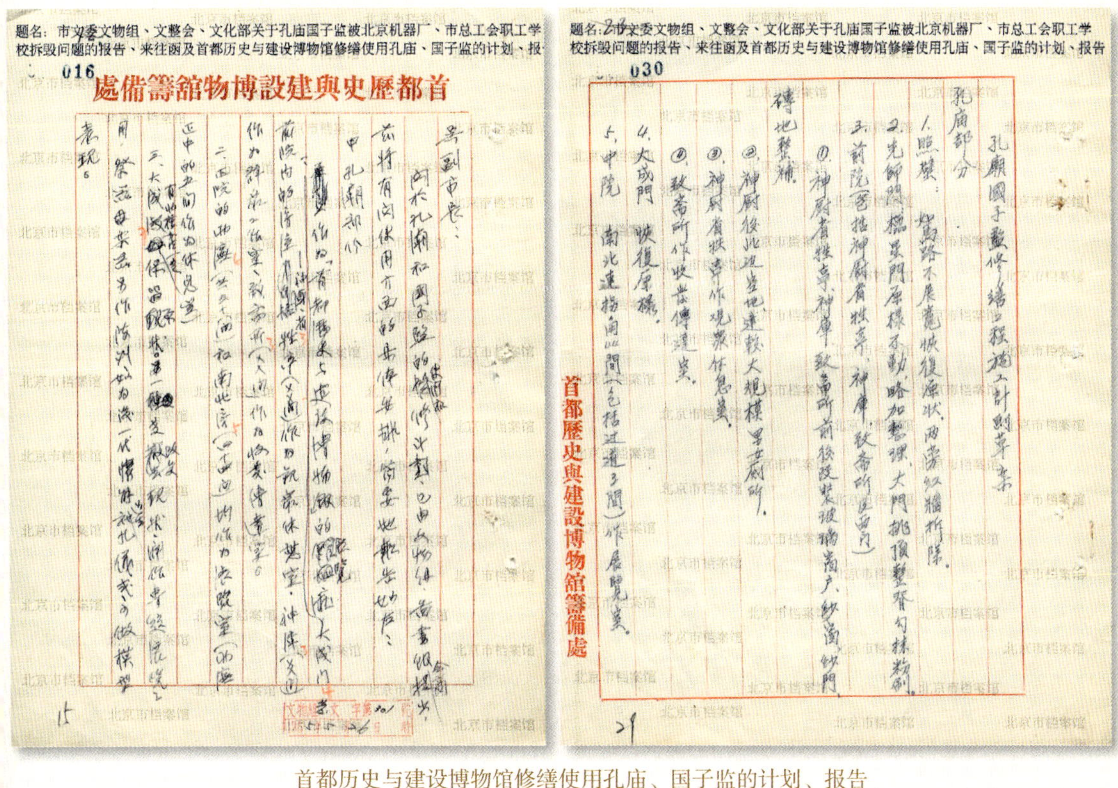
题名：市文委文物组、文整会、文化部关于孔庙国子监被北京机器厂、市总工会职工学校拆毁问题的报告、来往函及首都历史与建设博物馆修缮使用孔庙、国子监的计划、报告

016

首都歷史與建設博物館籌備處

题名：市文委文物组、文整会、文化部关于孔庙国子监被北京机器厂、市总工会职工学校拆毁问题的报告、来往函及首都历史与建设博物馆修缮使用孔庙、国子监的计划、报告

030

孔廟國子監修繕工程計劃草案

孔廟部分

首都歷史與建設博物館籌備處

首都历史与建设博物馆修缮使用孔庙、国子监的计划、报告

孔庙部分：大成殿和两侧房屋作为“首都历史与建设博物馆筹备处”的一个展览厅。崇圣祠的房屋作为展览工作室。

大成殿的祭祀器皿，仍照原状保留，使后一代得以了解过去祀礼仪式

档案号 011-001-00162 第 15-29 页

资料提供：北京市档案馆

图为第 15、29 页

十三陵水库展览

1958年7月至11月，十三陵水库修建总指挥部政治部与首都历史与建设博物馆筹备处在北海公园天王殿联合主办“十三陵水库展览”。展览展出150余幅照片及图表、模型、实物等，重点表现了水库大坝工程修建的情况。

“十三陵水庫展覽”在首都历史与建設博物館展出

首都历史与建設博物館筹备处与十三陵水庫修建总指揮部政治部联合举办的“十三陵水庫展覽”已于七月一日在北海天王殿与首都人民見面了。

展覽分别叙述了十三陵水庫的概況、工程、修建过程和收获等四个部分，展出一百五十余幅照片及图表、模型、实物等。展覽重点地表现了水庫大壩工程修建的跃进情况。十三陵水庫的修建，是党的鼓足干劲、力爭上游、多快好省地建設社会主义的总路綫的具体体现。

在展品中，陈列有毛主席在工地劳动时使用的鉄鍬和土筐。展品中也陈列了十三陵水庫建設者使用的各种工具和模型，这些陈列品說明了首都人民在党的社会主义建設总路綫的鼓舞下，为了赶在洪水的前面，表现出的敢想、敢說、敢干的共产主义风格。

十三陵水庫工地上，打破迷信、技术革新的例子是說不完的。每一项工作都有改进和新的創造，使工程一再跃进，从旧的平衡达到新的平衡。展品中对重要的技术改革如汽車和斗車的料台翻板装車、汽車上壩、无軌拉有軌，羊角碾和卷揚机等作了介紹。展品中也有英雄模范单位的奖旗及得到的礼品　宣传鼓动品和国际礼品等。

这个展覽的本身，也是大跃进的产物，工作人員，只經过了十几天的筹备和征集，边設計边展出，苦战了几昼夜，在七月一日水庫完工的同一天就使展覽与观众見面了。

通过这个展覽，証明了过去不敢做的事情只要思想解放、鼓足干劲，是完全可以完成的，也証明了博物館存在着很大的跃进的潜力。

（賀天）

《“十三陵水库展览”在首都历史与建设博物馆展出》

贺天发表于《文物参考资料》1958年第8期，第46页

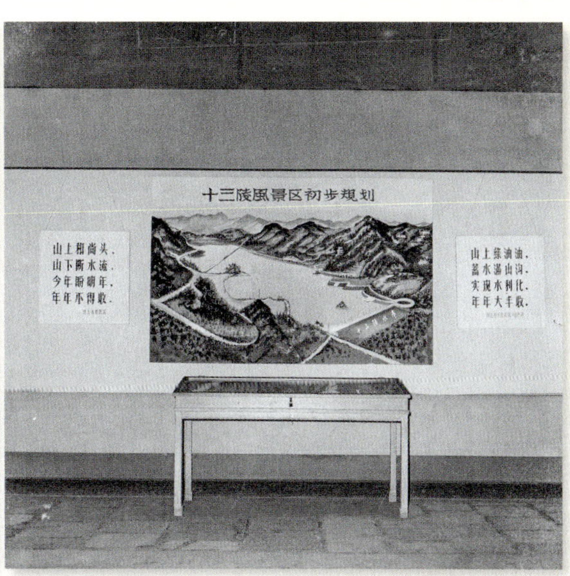

"十三陵水库展览"外景、入口及展厅

1958 年 7—11 月，北海天王殿

资料提供：首都博物馆

文字改革展览会

1958年10月1日，中国文字改革委员会与首都历史与建设博物馆筹备处联合举办的“文字改革展览会”在北海公园展出，展期一个半月，呈现文字改革工作在新中国成立以后取得的巨大成绩。报刊和杂志均有所报道。

文字改革展覽会在北海展出

据新华社訊　中国文字改革委員会、首都历史与建設博物館筹备处联合举办的文字改革展览会已于一日正式展出。这次展览会显示出了文字改革工作在新中国成立以来已取得巨大的成績；同时也反映了在生产劳动方面飞跃前进的工农劳动群众都迫切要求文字改革工作有进一步的开展。

展览会的展品来自二十多个省、市、自治区，还有来自苏联的汉語拼音教材和来自日本的用汉語拼音方案学汉語的有关資料。

展览会第一部分为序室，序室中陈列了党和国家的領导人关于文字改革的言論以及全国人民代表大会有关文字改革工作的决議等。

第二部分是簡化汉字展览室。这一室的圖表、照片、实物使人了解到汉字由繁到簡总的發展趋势。这些展品說明簡化汉字絲毫沒有損伤我們的文化传統，而是發扬了它有利于群众的一面。

第三部分是关于汉語拼音方案的展览室。

展览会的第四部分是推广普通話展览室，这里的許多圖片、連环画、模型介紹了几年来推广普通話的收获。

展览会的地址在北海公园，預定展出一个半月。

★　★

有奖儲蓄开奖

定額有奖儲蓄仲奖号碼：
头奖：78683　47539
二奖：6915
三奖：23　71

零存整取有奖儲蓄仲奖号碼：
头奖：1115　7083
二奖：8563　4524　2390　5847　0819
三奖：957
四奖：73　36　37　28　09

《文字改革展览会在北海展出》

《北京日报》1958年10月6日第2版

资料提供：首都图书馆

文字改革展覽会在北海展出

中国文字改革委員会、首都历史与建設博物館筹备处联合举办的文字改革展覽会已于一日正式展出。这次展覽会显示出了文字改革工作在新中国成立以来已取得巨大的成績；同时也反映了在生产劳动方面飞躍前进的工农劳动群众都迫切要求文字改革工作的进一步的开展。

展覽会的展品来自二十多个省、市、自治区，还有来自苏联的汉語拼音教材和来自日本的用汉語拼音方案学汉語的有关資料。

展覽会第一部分为序室，序室中陈列了党和国家的領导人关于文字改革的言論以及全国人民代表大会有关文字改革工作的决議等。

第二部分是簡化汉字展覽室。这一室的圖表，照片、实物使人了解到汉字由繁到簡总的發展趋势。这些展品說明簡化汉字受到了群众的欢迎，是符合群众的需要的，这項工作还应該繼續下去。

第三部分是关于汉語拼音方案的展覽室。其中着重介紹了山东省和河北省采用拼音字母帮助扫盲的成績和經驗。

展覽会的第四部分是推广普通話展覽室，这里的許多圖片、連环画、模型介紹了几年来推广普通話的收获。

展覽会的地址在北海公园，預定展出一个半月。

《文字改革展览会在北海展出》

《文字改革》1958年第12期，第20页

纪念“一二·九”运动展览

1965年12月9日，首都博物馆筹备处在北海公园天王殿举办“‘一二·九’运动三十周年纪念展”，展至1966年2月。展览以图片为主，共分为四个部分。

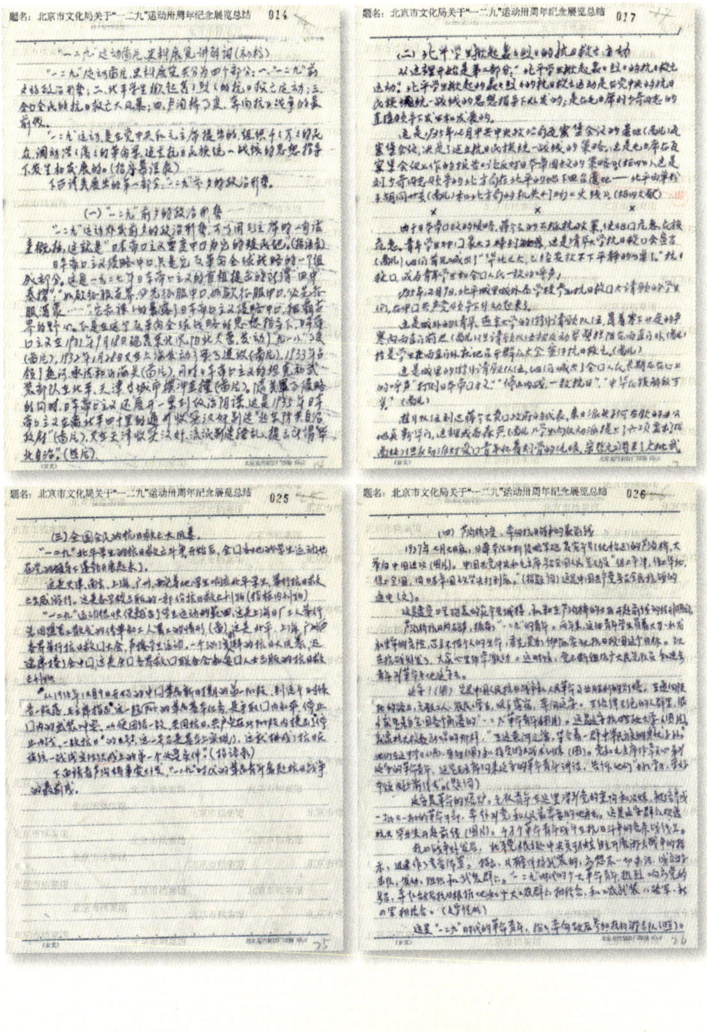
题名：北京市文化局关于"一二九"运动卅周年纪念展览总结 014

题名：北京市文化局关于"一二九"运动卅周年纪念展览总结 017

题名：北京市文化局关于"一二九"运动卅周年纪念展览总结 025

题名：北京市文化局关于"一二九"运动卅周年纪念展览总结 026

北京市文化局关于“一二·九”运动三十周年纪念展览总结（1966年2月）

档案号 164-002-00106 第 1-28 页

资料提供：北京市档案馆

图为第 14、17、25、26 页

“一二·九”运动展览从去年八月开始筹备，十二月九日正式展出至今年二月底结束，共展出三个半月。通过展览，征集了文物，积累了资料，培养和锻炼了干部，为首都博物馆的筹建做了初步的准备工作。

展览共分为四个部分：一、“一二·九”前夕的政治形势；二、北平学生掀起轰轰烈烈的抗日救亡活动；三、全国全民的抗日救亡大风暴；四、卢沟桥事变，奔向抗日战争的最前线。

薛婕：

首都博物馆筹备处对外一个最大最成功的展览，就是举行了“一二·九”运动的展览，这是咱们北京市组织的，而且是首都博物馆负责的，几个年轻人非常成功地搞了一个“一二·九”展览。

“‘一二·九’运动三十周年纪念展览”

1965年12月，北海天王殿

资料提供：新华社

齐心：

到1965年，要搞“一二·九”运动的展。“一二·九运动”展分五个部分。策展布展我没参加，我那时候还不够格，等于是给人家打下手。搞革命史研究的人去得多，像褚良茹、何继旺、梁旭毅、周文琪，老赵（赵其昌）也参加了，他们主要查资料多。我呢，参加讲解，展览主要是图片展，我就拿个图版到北大[1]去讲，流动展嘛。我们搬到孔庙以后，又举办了一次“一二·九”展览[2]，我和赵其昌、梁旭毅负责内容设计，沈平、袁世贵辅助查资料。这是我真正参与“一二·九”展览内容设计，最后在德胜门等地展出。

[1] 即北京大学。在“一二·九”运动中，北京大学师生积极参与示威游行并组织南下宣传团，在运动中发挥了重要作用。

[2] 1985年首都博物馆在孔庙举办纪念“一二·九”运动五十周年展。

刘谨桂：

我是1965年7月份毕业后分配到首都博物馆筹备处的，8月份报到，分配在筹备处陈列组，组长是周文琪。9月份，正好在举办纪念“一二·九”运动三十周年展览，我到的时候展览基本准备就绪了。就绪的意思就是说提纲、征集文物基本上都有了，但是还要做一些补充。接下来就是要展出、讲解了。

“一二·九”运动三十周年纪念展是1965年的12月9号在北海公园天王殿，也就是现在文物研究所的南面那展出的。这是我到筹备处后接触

继承发扬“一二九”运动反帝爱国革命传統

本市举行“一二九”运动三十周年纪念展览

本报讯　“‘一二九’运动三十周年纪念展览”今天起在北海公园天王殿展出。这个展览运用了大量图片、实物和美术作品，生动地反映了“一二九”运动的斗争史实。展览共分五个部分。

第一部分是“一二九”运动前夕的政治形势。一幅幅触目惊心的图片，揭露了日本帝国主义妄图吞并全中国的野心和蒋介石反动派的卖国罪行。陈列的实物中有当时蒋介石宪兵第三团的臂章和刽子手们用来残害抗日革命青年的刑具，以及形形色色的抗日禁令，充分表现了当时“抗日有罪，惩歌播于中国，爱国有赏，汉奸弹冠相庆”的惨痛情景。

第二部分，通过大量图表、文献，论证了在祖国危急，民族危急的关头，代表中国人民利益的中国共产党始终站在抗日斗争的最前线。在毛主席领导下，红军经过二万五千里长征，胜利地到达陕北抗日前线，给中华民族指出了光明的前途，给中国人民指出了正确的斗争方向。

第三部分，用大量的图片和史料，反映出当时北平学生在党的“停止内战，一致抗日”的号召下，在党的直接领导下，掀起了轰轰烈烈的抗日救亡运动。北平学生首先喊出了“华北之大，已经安放不下平静的书桌了！”爱国学生在一九三五年十二月九日和十二月十六日两次冒着零下二十度的严寒举行游行示威，高呼：“打倒日本帝国主义”“武装保卫华北”等口号。陈列中一幅油画描绘了爱国学生在敌人的大刀水龙面前，毫不畏惧，奋勇前进，充分体现了中国青年大无畏的革命气概。几面当时游行示威的旗子也在这里陈列着。

运动爆发后，在党的号召下，到农村去和工农结合，立刻变成了广大革命青年的行动。展览以图片、文献、实物等重点反映了平津爱国学生，组织南下扩大宣传团沿平汉路南下，到农村去，宣传抗日，动员群众。展览会上陈列了南下宣传团员们写的《南下归来》等心得体会。

展览的第四部分是抗日战争爆发，广大知识青年响应党的号召，脱下长袍，穿上军装，深入敌后的情况。这里展出的图片、文献、实物，反映了在“一二九”运动中成长起来的大批革命知识青年，热烈响应党的号召，到农村去，到延安去，参加八路军、参加新四军，和工农群众，和革命的武装广泛地结合起来。展览引用了刘少奇同志在纪念“一二九”运动九周年向延安青年的讲话作为这个部分的结束语。刘少奇同志说：“‘一二九’时代的革命青年学生（特别是北平学生），已经指出了一条道路——到乡村去，到革命的武装部队中去，和人民特别是和农民结合起来，在共产党领导之下，建立革命根据地和进行抗日战争。这是一切革命青年学生在民族危机中争取民族解放的正确道路。”

展览的最后部分，反映了解放以后，在毛泽东思想哺育下的知识青年，继承和发扬“一二九”反帝爱国的革命传统，坚定地站在反对美帝国主义、各国反动派和现代修正主义的斗争前列，为打败美帝国主义的侵略做好一切准备；同时，也介绍了广大知识青年上山下乡深入工厂和工农结合，在三大革命斗争中锻炼成长的情况。

这个展览是由首都博物馆筹备处主办的。（周文琪）

左下图：当年参加示威游行的学生夺过水龙向国民党反动派的警察还击。

（《中国建设》供稿）

深山区有丰富的自然资源，为了帮助山区社队开展副业生产，他们派人帮助培养当地的加工技术人员。经过短期训练，碾子公社有五十三名社员已能独立工作。现在这个公社各生产队正利用当地自产的木棍，加工镰、锄把等，开展副业生产。（于尊福）

积极收购废品

顺义县供销社积极收购废品。不少供销店建立了样品台，下乡收购时也带着样品。今年一至十月，收购金额比去年同期增加一倍多。全县农业户平均每户增加收入近二元。（张文油　商廷芳）

《本市举行“一二·九”运动三十周年纪念展览》

《北京日报》1965年12月9日第3版

资料提供：首都图书馆

的第一个展览。我参与布置展览，熟悉展览的内容，写讲解词，参加讲解。我们那时候搞展览是什么都干的，不是说你写提纲就只写提纲，你征集文物就只征集文物。

一直到1966年，1月跟着这个展览还到清华大学去展过。记得有他们清华的老同志参加，是在学校展出。我刚刚参加工作觉得挺新鲜，也挺兴奋，也不会什么，就是学习。

1985年，纪念“一二·九”运动五十周年的时候，我见到了姚依林[1]，他是“一二·九”运动的亲历者，是当时北京清华学生会的负责人之一，他们当年都很年轻，风华正茂的。他给我找了一张个人的小照片，非常小，很珍贵的，拿过来以后我就交给了照相室。那个时候好像有个不成文的规定，我们征集回来的东西都要上交，不能保存在自己的身边。包括有时候我们整理的采访记录，都要交，因为这是业务档案，我是这样理解的。所以回来的时候，照片交给照相室，资料交给保管部保管。因为工作当中形成的东西不能够据为己有，所以我不存东西。我们今后要用就找他们，我们自己不存这些东西。

[1] 姚依林（1917—1994），中国无产阶级革命家，中国共产党和中华人民共和国领导人。1935年加入中国共产党，同年参与领导“一二·九”运动，任北平学联党团书记。中华人民共和国成立后，历任贸易部副部长、商业部部长、财贸政治部主任、国务院副总理等职，是第十三届中央政治局常委。

“支援越南人民抗美救国”图片展

1965年5月1日，首都博物馆筹备处在北海公园天王殿举办“支援越南人民抗美救国”图片展。

薛婕：

当时做过一次展览是抗美援越，美国和越南打仗嘛，就是支持越南，抗美援越。办这个展览的地方就在北海后门后面那个天王殿，这个地方现在已经划给北海公园了，现在北京市文物研究所就在后面这一部分了。

二十世纪七十年代初吧，博物馆组织人到北京地区的门头沟等郊区搞征集工作。征集工作的重点还是配合当时的形势，好比搞“阶级斗争教育”，就去郊区征集一些忆苦思甜的艰苦生活用品等。另外一个就是准备搞关于抗日战争的展览，因此也到郊区做了有关抗日战争时期的文物征集工作，这是我所知道的。

“抗日战争在平西、平北”展览筹备

“抗日战争在平西、平北”展览1966年3月份开始筹备，5月份被迫终止，虽然收集到一些文物，但最终没有展出。展览提纲的初稿名为“抗日战争时期平西、平北人民的游击战争”，计划9月3日开始展出。

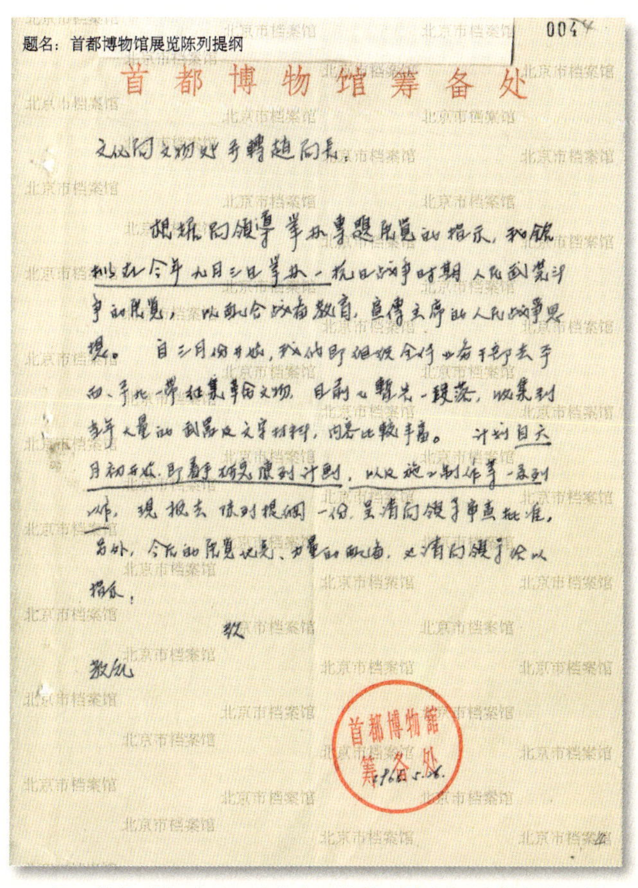

题名：首都博物馆展览陈列提纲

004

首都博物馆筹备处

文化局文物处并转赵局长：

根据局领导举办专题展览的指示，我馆拟于今年九月三日举办“抗日战争时期人民武装斗争”的展览，以配合城市教育，宣传主席的人民战争思想。自三月份开始，我们即组织全体业务干部去平西、平北一带征集革命文物，目前已暂告一段落，收集到[illegible]大量的实物及文字材料，内容比较丰富。计划自六月初开始，即着手研究陈列计划，以及施工制作等一系列工作。现报去陈列提纲一份，呈请局领导审查批准。另外，今后的展览地点、力量的配备，也请局领导予以指示。

致

敬礼

首都博物馆筹备处

66.5.26

“抗日战争时期平西、平北人民的游击战争”展览申请文件

首都博物馆筹备处 1966 年 5 月 26 日

档案号 164-002-00133 第 4 页

资料提供：北京市档案馆

齐心：

到1965年的时候，为筹备抗日战争展，我们就分兵了，去平西、平北地区，有到密云的，到平谷的，到门头沟的，到马兰峪的。我到南边房山霞云岭去征集。哎呀那真苦，得爬山啊，我这恐高症，往上得手脚并举。另外山上没水，怎么办呢？从山下担水是很费劲的。一盆水又洗脸又洗脚，都洗完了才敢倒。住老乡家那条件也是很困难的。

征集到什么呢？人家用过的壶，背壶、纺车、手榴弹，还有送信的那个小兜子，还有一个就像背囊似的那种口袋。征集上来点东西，但也不是很多。

房山有一个村[1]，就是《没有共产党就没有中国》那首歌的创作地，那个倒是挺有意思的，有唱那首歌的一个老人，那时候我们想去探访他，后因被召回，就没见到老人，十分遗憾。然后“文化大革命”了，都回来搞运动了。

[1] 北京市房山区堂上村。在平西抗日烽火中，曹火星同志（1924—1999）1943年10月在此创作脍炙人口的《没有共产党就没有中国》歌曲。1950年，毛泽东同志亲自在歌词中的“中国”前加了“新”字，更准确地反映出中国共产党的历史功绩。2019年9月，堂上村被中宣部命名为“全国爱国主义教育示范基地”。

刘谨桂：

当时周文琪说我们要搞一个抗日战争展览——“抗日战争在平西、平北”。想要搞这个展览，可首都博物馆近现代的库存资料、照片、文物几乎为零。之前搜集到部分关于抗日战争时期的文物资料，但那是个人收藏的。

我们在平西，去过房山、门头沟。记得去房山一个叫蒲洼的村庄，是在一个四面环山的山沟沟里。我们走过一个很长的山沟才到达蒲洼村。那里的百姓吃水十分困难。他们在山上挖一些坑，把冬天的雪水攒在里面，到春天就是饮用水。但是，他们打日本鬼子很勇敢。我们曾收集到兵工厂用过的风箱，记得是约有两米高，七八十厘米宽的四方形。还有其他小物件。我们的工作虽然辛苦点，但很快乐。因为那时年轻，累点不觉得。接触的人与事又很新鲜，很有意思。老乡们待我们热情、真心，无偿地献出他们保存许久，有的还正在使用的物品，我们很受教育。

大概花了两个月吧，“五一六通知”[1] 出来，我们就回来了。我们都不知道城里边发生了翻天覆地的变化，“文化大革命”开始了，我们就在家了。这次展览就没有办下来，只是征集了一些文物。

[1] 1966年5月16日，中共中央政治局扩大会议在北京通过了毛泽东主持起草的指导"文化大革命"的纲领性文件《中国共产党中央委员会通知》（即“五一六通知”）。由此掀起了长达十年的“文化大革命”运动。

题名：首都博物馆展览陈列提纲　　005

年　月　日

"抗日战争时期华西、华北人民的游击战争"陈列提纲（初稿）

序幕语录：

"只有使正规兵团和地方兵团相结合，正规军和游击队、民兵相结合，武装群众和非武装群众相结合的人民战争，才能战胜比自己强大得多的敌人。"

——毛泽东（"关于若干历史问题的决议"）

第一部分：抗日战争爆发，华北人民掀起抗日怒潮

语录：（"只有全面的民族抗战才能够获得抗战的胜利。"

——毛泽东"为动员一切力量争取抗战胜利而斗争"）

1. 卢沟桥事变，中共中央号召全民抗战

（实录：通电全文，抗日救国十大纲领）

2. 华北人民组织起来，武装起来。

第二部分：毛泽东同志《论持久战》和《抗日游击战争的战略问题》的发表

语录："基本的是游击战，但不放松有利条件下的运动战"

——毛泽东（"论持久战"）

1. 毛泽东同志在延安窑洞中著述（油画）

2. 《论持久战》一文的最早版本

3. 《抗日游击战争的战略问题》一文的最早版本

第三部分：依靠农民，建立华西、华北农村根据地（包括后来北京地区的一部分）

语录："因为强大的帝国主义及其在中国的反动同盟军，总是长期地占据着中国的中心城市，如果革命的队伍不愿意和帝国主义及其走狗

北京龙门印刷厂印制 65.7

题名：首都博物馆展览陈列提纲　　006

年　月　日

妥协，而要坚持奋斗下去，如果革命的队伍要准备积蓄和锻炼自己的力量，并避免在力量不够的时候和强大的敌人作决定胜负的战斗，那就必须把落后的农村造成先进的巩固的根据地，造成军事上、政治上、经济上、文化上的伟大的革命阵地，借以反对利用城市进攻农村区域的凶恶敌人，借以在长期战斗中逐步地争取革命的全部胜利。"

——毛泽东（"中国革命和中国共产党"）

晋察冀抗日根据地形势图

晋察冀边区施政纲领

1. 华西抗日根据地的创建和发展

2. 华北抗日根据地的创建和发展

（包括平西根据地、政权建设、减租减息、生产运动、文化教育、党的建设等方针政策的体现）

第四部分：坚持农村人民战争，粉碎日寇对华西、华北的"扫荡"

语录："动员了全国的老百姓，就造成了陷敌于灭顶之灾的汪洋大海，造成了弥补武器等等缺陷的补救条件，造成了克服一切战争困难的前提。"　——毛泽东（"论持久战"）

十大政策

1. 日寇对根据地和北平市民犯下的滔天罪行

语录："'搬起石头打自己的脚'，这是中国人形容某些蠢人的行为的一句俗话。各国反动派也就是这样的一批蠢人。他们对于革命人民所作的种种迫害，归根结底，只能促进人民的更广泛更剧烈的革命。"

——毛泽东（在苏联最高苏维埃庆祝伟大的十月社会主义革命四十周年会议上的讲话）

北京龙门印刷厂印制 65.7

题名：首都博物馆展览陈列提纲 007

“抗日战争时期平西、平北人民的游击战争”陈列提纲（初稿）

档案号 164-002-00133 第 5-7 页

资料提供：北京市档案馆

首都博物馆展览陈列提纲

第一部分：抗日战争爆发，北平人民掀起抗日怒潮

第二部分：毛泽东同志《论持久战》和《抗日游击战争的战略问题》的发表

第三部分：依靠农民，建立平西、平北农村根据地

第四部分：坚持实行人民战争，粉碎日寇对平西、平北的“扫荡”

第五部分：抗日战争的最后阶段，北平人民迎接抗日战争的胜利

李大钊同志纪念展览

1979年10月29日，首都博物馆筹备处与中国革命历史博物馆在陶然亭慈悲庵联合举办“李大钊同志诞辰九十周年纪念展览”，于1980年5月31日结束。

“纪念中国共产党成立六十周年·党的创始人之一李大钊同志革命事迹展览”于1981年7月1日至31日在陶然亭慈悲庵展出。在此基础上，“李大钊同志纪念展览”于1981年10月1日首都博物馆开馆时，在孔庙与观众见面。

刘谨桂：

首博筹备恢复后，近现代史方面办的第一个陈列展览是“李大钊陈列展”（“李大钊同志纪念展览”）。当时馆里有一些照片，是原来积攒的，不是太多，离办一个像样的展览差得太远。展览由季华同志负责。我们有分工，有合作。

我分到展览后半部分，现有展品更少，千方百计挖线索找资料。我去北京图书馆翻找李大钊牺牲至公葬期间[1]的北京报纸，有《晨报》《世界日报》《民国日报》等。这些报纸年代久远，已经发脆，人家不让往外拿，只能在库房珍藏。但图书馆已经做了胶片，我只好用放大镜看胶片。但看胶片的放大镜数量有限，去晚了还看不上。我就一大早赶上开馆就到，在那里待一整天。就这样连续翻了两三个月，把需要的找出来，如同大海捞针。又去北京大学图书馆和校史馆，人家都十分热情支持，无偿给复印东西。还有许多纸质复制品是中国革命历史博物馆为我们提供的，有复制品的文物我就看他们的目录。李大钊是北方局[2]的书记，那么北方局这摊的东西我都要。征集资料搞文物，我是面比较宽的，我不是说就解决

[1] 李大钊同志牺牲于1927年4月28日，安葬于1933年10月。

[2] 1924年12月，中共中央、青年团中央和共产国际代表联席会上，决定成立中共中央北方局，李大钊任书记，谭平山任副书记。北方局负责直隶、山西、山东、河南、内蒙古、满洲等地党的工作。

革命遗址慈悲庵修复一新

座落在陶然亭公园中央岛南侧的慈悲庵，不仅是北京南城一处历史悠久的名胜古迹，也是毛泽东、周恩来、李大钊等同志早期进行革命活动的地址之一。为了妥善保护这一革命纪念地，经北京市委批准，市园林局于一九七八年十一月开始重修，现已全部完工。

修复后的慈悲庵基本保持原有建筑的平面布局和建筑结构，原台基部分加固处理后外砌虎皮石墙使得慈悲庵更加壮丽。一九二〇年毛泽东与邓中夏等同志在慈悲庵山门前大槐树下合影留念的地方恢复了历史原貌。园林工人克服了许多困难，选择了一棵形状类似的大槐树补栽在原处，在工人师傅的精心护理下，现已长出新的枝叶。李大钊、周恩来等同志一九二〇年八月十六日在慈悲庵北配房内举行的有“觉悟社”、“少年中国学会”等五个进步团体参加的集会旧址，以及李大钊同志在建党前后与著名的共产党人邓中夏、恽代英、高君宇和陈愚生等同志，在慈悲庵南配房内从事秘密革命活动的地方，都进行了室内复原陈列。

☆ 图为当年李大钊、周恩来等同志举行的有“觉悟社”、“少年中国学会”等五个进步团体参加集会的慈悲庵北配房。　本报记者　叶用才摄

在慈悲庵内还保留了一部分珍贵的历史文物。竖立在文昌阁前面的辽（寿昌五年）的石经幢至今已有八百八十年的悠久历史。金（天会九年）的石幢残部也恢复到原来的位置上。江藻（陶然亭最早是江藻出资所建）所写的“陶然吟”，和其族兄江皋所写的“陶然亭记”两块石刻修复后，依旧镶嵌在敞轩的南山墙上。江藻手书“陶然”两个金色大字的木匾也油饰一新，悬挂在山门的内檐上。这些珍贵的历史文物记述了慈悲庵与陶然亭的历史。

现在，慈悲庵已被列为市级文物保护单位。中国革命博物馆和首都博物馆筹备处，在这里联合举办的《李大钊同志诞辰九十周年纪念展览》已于十月二十九日开幕。　（吴元真）

《革命遗址慈悲庵修复一新》

《北京日报》1979 年 10 月 30 日第 4 版

资料提供：首都图书馆

继承先烈遗志　发扬献身于共产主义事业的革命精神

首都举行活动纪念李大钊同志诞辰九十周年

据新华社十月二十九日讯　首都人民举行各种活动纪念中国共产党创始人之一、杰出的共产主义战士、伟大的无产阶级革命家李大钊同志诞辰九十周年。今天，中国社会科学院在首都剧场举行了纪念李大钊同志诞辰九十周年报告会。人大常委会副委员长许德珩，政协全国委员会副主席刘澜涛、李维汉，李大钊同志的长子李葆华和各部门的负责人程子华、朱穆之、王仲方、李运昌、武光、宋一平，以及首都各界代表一千二百多人，参加了报告会。

中国社会科学院副院长张友渔主持报告会。中国社会科学院近代史研究所副所长李新作了题为《学习李大钊，研究李大钊》的报告。报告以大量生动的事实，系统地介绍了李大钊同志的生平，高度评价他在传播马克思主义，领导五四运动，创建中国共产党，建立革命统一战线，领导北方广大地区革命斗争等工作中，作出的重大贡献，建树的不朽功绩。报告还热情赞扬李大钊同志在狱中，在敌人严刑拷打面前，坚贞不屈，视死如归那种惊天地、泣鬼神的崇高精神。

李新在报告中说，李大钊是中国最早的马克思主义者、共产主义事业的先驱、光荣的革命烈士，但在“四人帮”横行的时候，不仅不能纪念，甚至被诬为叛徒；对于他的生平和思想不许研究，竟然成了党史研究工作中的禁区。现在，肆意颠倒历史的“四人帮”已被打倒，全国的政治民主和学术民主生活，开始逐渐活跃起来。我们在研究李大钊的时候，应该采取实事求是的科学态度。只有这样，写出来的历史，才是按照历史的本来面目写出来的真史，才具有历史真理的价值，才能经得起时间的考验。我们纪念李大钊、研究李大钊，归根到底是为了学习李大钊。学习他的革命精神，为实现四个现代化服务，为共产主义事业奋斗。李大钊的革命精神十分可贵。他一心为党，一心为人民，忠心耿耿，为革命奋斗一生。他道德高尚、品性纯洁。他提倡修养，经常讲革命的伦理学。他一生以“铁肩担道义”为座右铭，并且用自己的全部言行、最后用自己的鲜血实现了自己的箴言。李大钊同志给我们留下的精神遗产极为丰富，值得我们认真学习。李大钊将世世代代地活在中国人民心中。

在李大钊同志曾经工作和战斗过的北京大学，师生员工代表八百多人于十月二十五日举行了纪念大会。

为继承先烈遗志，学习和发扬李大钊同志献身于共产主义事业的革命精神，中国革命博物馆、首都博物馆筹备处联合举办的《李大钊同志诞辰九十周年纪念展览》，今天在陶然亭公园里的慈悲庵正式展出。展览室陈列着老一辈无产阶级革命家朱德、林伯渠、吴玉章、陈毅、何香凝同志生前为纪念李大钊同志所作的题词。还有叶剑英同志最近为纪念李大钊同志诞辰九十周年的题词。过去李大钊同志组织少年中国学会活动过的慈悲庵，经过重建，同时开放供人们参观。在北京西山附近万安公墓里的李大钊同志和夫人赵纫兰墓，最近经过整修，已接待群众瞻仰。

人民出版社正在积极组织编辑出版《李大钊文集》。文集共分三集，约一百万字，计划在今年内完成。人民出版社和中国革命博物馆还组织了李大钊同志的战友、学生、亲属撰写回忆文章，并搜集过去发表过的重要回忆文章，编辑出版《回忆李大钊》一书。人民出版社早些时候还出版了《李大钊传》，重印了《李大钊选集》。

《首都举行活动纪念李大钊同志诞辰九十周年》

《北京日报》1979 年 10 月 30 日

资料提供：首都图书馆

“纪念中国共产党成立六十周年·党的创始人之一李大钊同志革命事迹展览”展室外景、展厅内景

1981 年 7 月 1—31 日，陶然亭慈悲庵

首都博物馆筹备处、陶然亭公园管理处

资料提供：首都博物馆

李大钊同志革命事迹展览七一展出

本报讯 为了纪念中国共产党成立六十周年，首都博物馆筹备处、陶然亭公园管理处将于七月一日开始，在革命遗址——陶然亭慈悲庵，举办《党的创始人之一李大钊同志革命事迹展览》。展览分五个部分，运用图片和文献资料，表现了李大钊同志寻求救国真理，为实现共产主义的理想、为中国人民的解放事业而英勇战斗的一生。 （华）

《李大钊同志革命事迹展览七一展出》

《北京日报》1981年6月30日

资料提供：首都图书馆

纪念中国共产党成立六十周年

党的创始人之一李大钊同志革命事迹展览

首都博物馆筹备处 陶然亭公园管理处

一九八一年七月一日至三十一日在陶然亭公园慈悲庵展出

上午八时半至十二时 下午二时至五时 每柬一人

“纪念中国共产党成立六十周年·党的创始人之一李大钊同志革命事迹展览”请柬

资料提供：首都博物馆

这一个问题，就找这方面的资料。我是比较宽，你这次展陈用不了，下次还可以用，下次用不了，再下次还可以用。反正和我们有关系的，我就收集。

关于李大钊的故居，我们单位原来有一个叫于树功的老同志，大家都叫他于书记。老先生脑子还挺好，他对李大钊的情况也很熟悉，就给我们说，西城文华胡同24号是他住的地方，然后我们又到那儿去采访了好多次。因为李大钊搬了好几个地方，在这儿住的时间比较长，1924年国民党开一大的时候，他也是住在这儿的。他那个院子里的情况我都知道，比如说李大钊种的海棠树在那个院子里面，正房是他们住的，偏房一边是客房，一边是接待客人的地方。这是一个比较重要的地方，所以李大钊的故居就定到这儿。

1981年10月1日首博开馆时，“李大钊陈列展”在孔庙中院东配殿正式展出。这也就是要我们办一个符合建馆要求的展览。规模比较大，图片、文献、实物比较多，但多为复制品，内容比较充实。展览比较受欢迎，观众反响也较好。

展览专门复制了李大钊在北大红楼办公室的一角，有办公桌、椅、书

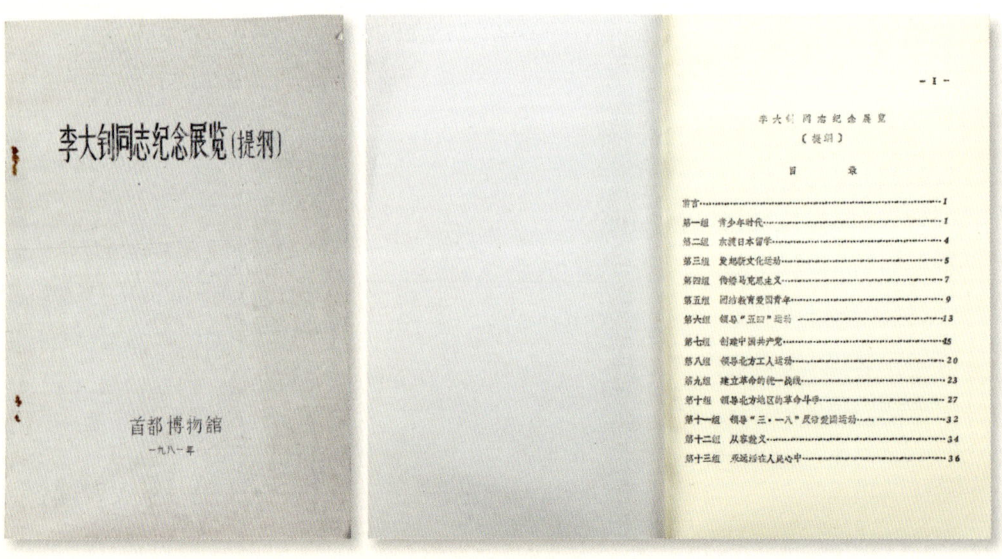

李大钊同志纪念展览（提纲）

首都博物舘

一九八一年

－1－

李大钊同志纪念展览

〔提纲〕

目　录

“李大钊同志纪念展览”提纲

资料提供：首都博物馆

1924 年李大钊在苏联参观孤儿院和儿童在一起

资料提供：首都博物馆

1924 年李大钊在苏联带红领巾的照片

资料提供：首都博物馆

橱以及桌上的文房四宝等。展品新增添了很多，最珍贵的是发现了两张照片。

1924年李大钊在苏联的两张照片，是我和季华在章士钊[3]的儿子的家里征集来的。因为李大钊和章士钊的关系特别好，他是章士钊儿子的家庭老师。他那儿收藏了这两张照片，就是1924年李大钊率领中共代表团参加共产国际第五次代表大会，去了莫斯科，完了以后他参观孤儿院，那些孤儿给他献红领巾，然后跟孤儿在一起照的照片。

这两张照片非常珍贵，在其他地方从来没有见到过。这两张照片是我们给找来的。原件拿过来了，我们翻拍了以后还给他了。其他的文献资料，就是在革命博物馆，还有北京市档案馆、中央档案馆这些地方找的一些档案方面的资料，文字的东西比较多。

有一个资料让我久久不能平静，李大钊被处决以后，他的夫人[4]躺在病床上。李葆华[5]是他的长子，那时候不敢

[3] 章士钊(1881—1973)，中国爱国民主人士。协同黄兴筹建华兴会。1927年为营救李大钊奔走。1949年为南京国民党政府和平谈判代表团成员。晚年为沟通海峡两岸出力。著有《柳文指要》等。

[4] 赵纫兰(1884—1933)，李大钊长期从事革命活动的贤内助。中共河北省委于1936年6月追认她为中国共产党党员。

[5] 李葆华(1909—2005)，曾用名赵升阳、赵振声，化名杨震。1931年加入中国共产党。新中国成立后，历任水利电力部部长、安徽省委书记、中国人民银行行长。

开馆展览“李大钊同志纪念展览”折页

资料提供：首都博物馆

说李葆华是他的长子，就说李星华[6] 是他的大女儿。李星华实际上比李葆华还小，就说她是老大。女孩子没事。有朋友就把李葆华给带到日本去了。他家里面才存了一块大洋，这是我在《世界日报》上面翻到的，有一个小消息，是说李大钊的处决。李大钊陵园有这个文字照片，我给录下来。好多人看到这个以后，都非常感动，说你看李大钊他一个月是一百二十块大洋，他有八十块，也就是说大部分的钱都支援革命了。而且他还帮助了一些贫困的学生，所以他牺牲的时候，家里只有一块钱。这些都是在调查时发现的，他牺牲以后家里就贫困潦倒了。

“李大钊陈列展”后来又编了画册，这有我搞展览写的目录，也有李大钊展的画册。这个画册是我们跟北京大学合编的，北京大学拿来了一部分图片资料。这个资料，他不是拿到我们这儿来，是拿到文物出版社。我和季华就到文物出版社联系工作去了。文物出版社的同志说：“正好，北京大学要搞这个画册，他们资料太单薄了，你们两家合作吧。”然后我们就合作编了这个画册，我们在那个资料基础上又增加了好多。

[6] 李星华（1911—1979），作家。新中国成立后，一直从事教学和民间文学的研究工作。

筹建北京简史展陈

作为首都北京的地志性博物馆，理应呈现北京地区的历史。综合文物、资料、时间、精力等条件多方面考虑，创业者们本着严谨的精神将尽心策划的大纲最终定为“北京简史陈列”，在大纲编写、文物选择、观点阐释、空间设计等方面都进行了长期的准备。1981年首都博物馆开馆时，展览在首都观众中形成了很大的反响。薛婕、吕维、齐心、刘长工、张宁五位亲历者，讲述了他们各自的工作，呈现出一个展览从无到有的成长历程。

薛婕：

“北京简史陈列”的话，就是以1953年首都博物馆筹备处挂牌时北京地区出土文物为主要展品的展陈。按照陈列部提出的陈列大纲，把文物从库房里边找出来。当时把北京地区解放以后出土的重点文物，基本上都陈列出来了。

同时代的器物如果有出土器物，那么首先展出土器物，因为它的科学性、文化研究性应当是更严谨一些。应当说，那个展览虽然布置得很简朴，但是大纲写得非常严谨，突出了北京这座古城的价值，特别是在解放以后国家对它的重视，这一点很重要。

吕维：

1964年开始写“辽金元明清展览”陈列大纲，这事我参与了。那时候为什么搞辽、金、元，因为唐朝时候北京是幽州，幽州的历史那可以说是知道得太少了，因为唐朝主要是在西安和洛阳那一边。北方这边感觉都是蛮荒之地，所以就没有什么历史可讲。

后来就是辽、金、元，这三代是在北京建都的，辽代是在今天莲花池[1]那边吧，金是金中都，元是在现在北海公园那地方，那大瓮，就是元代皇宫里面的酒缸。

[1] 莲花池公园位于西城、丰台、海淀三区交汇处，紧邻西客站，属北京市一级古遗址公园。莲花池是北京城的发祥地，至今已有3000余年。

所以就从辽金元搞起，当时是我搞辽代，小齐（齐心）好像是搞的金，赵其昌搞的元代，我们三个人在一个屋子里。当时我们主要就是看书做卡片，就是积累这几个时代的资料吧。另外一个就是看看辽、金、元这些遗址里面，还有什么值得保护的，值得留下的。

那时候就好像是一个博物馆的前身，要慢慢把这个博物馆搞起来，就是做这样一些准备，做这样一些工作。后来我觉得我是没有完成这个任务就走了，去搞“四清”了，到密云去了。

齐心：

当时想办北京史展览，北京简史，北京史还谈不上。北京简史展览有几个人参加，一个是我，一个赵其昌，一个刘长工，真正就是我们仨人。张宁是1964年从郑州大学调来的，他做辅助。我是从前头一直搞到隋唐。好像辽金那时候就是赵其昌，后来明清是刘长工，这样的。

我搞前段，因为我是学考古的，就负责隋唐以前的。一点不影响我以后从事辽金的研究，那是两回事儿。当时，梁丹做我们的领导。我们搞展览，就选文物、画小样、撰写提纲并进行讨论。几次讨论，都说要一条红线。这条红线就是，东西摆多了，信息量是多了，但是太啰嗦，太臃肿；如果都不要了，又太精简了。当时的问题是信息量不够啊。其实多了好，还是少了好呢，没个准谱，能说明问题就行，对不对？当时有个标准叫作"全、真、精"。"全"就是说不能遗漏，"真"是要真品，"精"是精品，要精，要搞得好。当时是力求这样，要这么一个标准。但咱们要筹备北京历史，达不到"精"那就没辙了，限于多种条件，当时先做简史。

其实我们过去也没搞过这个，是第一次搞大展览。而且对于我个人而言是有幸参加北京史的展览，通过参加展览学习了许多知识。开始我们对博物馆的主线、辅助展品，还不甚明白。虽然也有些书和资料，可以借鉴看看，另外我们搞过"一二·九"展览[1]啊，展览形式与语言大同小异，也得有主旋律，分几部分，第一节写什么，第二节写什么，分几个段落，这个还是可以的。那时候有几个同事是国博来的，他们都搞过展览，也都有经验。虽然我们搞考古的人没有人家经验那么丰富，但是在他们的带动之下，这也不是什么有

[1] 即1965年举办的"'一二·九'运动三十周年展"。

难度的事，因为搞展览可塑性很大。

我认为啊，这个展览，它说实在的，是个集体创作。要有好多人，给你挑文物的，给你画图的，给你展示的，它是形象的一个展示，是个集体劳动成果，究竟你个人占的部分有多少，很难说。我觉得这是锻炼队伍了。像张宁他们刚来，根本不知道这些文物，他通过找文物，看我们原来写过的文物介绍，他就可以到库房里，能挑文物，他对这个文物慢慢就熟悉了，有个过程。如果你没有这个实践，光看书，恐怕也不成。所以我觉得说要求呢，过去要求实在，原则上都展文物原件，但是必要的时候，也可能不是，就告诉观众这是复制品，代替了某件文物，文物原件比较珍贵，不便展示。还有的呢，因为有坏的地方要给它修复。这就又有了一个要求，给库房的文物都清点一下，展出要什么，能找出来，确实为展览所用的，比较好的，像青铜器、陶瓷器等文物，能借此机会了解馆藏珍品。

对唐幽州城的认识，对北京城址的变迁位置认识也必须交代清楚。如对战国蓟城位置的观点，经研究有新的成果，在陈列展上如何表现？我有新的认识，在陈列上表现出来了。像这类的问题，因为你有研究提出新的观点，不研究摆出来也不对。因为还是要考虑你要体现什么问题，你要体现北京城的发展，如在蓟城城址说明上，不反对权威观点，而用文字说明我们对城址有了新的认识。这既表示出展览内容，又有研究成果，不仅较恰当地亮明观点，还引导观众思考。

为体现文化的厚重，你得挑点确实比较优秀的、时代久远的文物。比如一万年前的东胡林人[2]，那相当好了，女子头像什么样子，她戴的手镯什么样，项链什么样，东胡林文物现在还摆着呢，一万年前的呢。那时候我还写文章介绍过。所以我觉得像这类的文物，都必须上展。那旧石器时代的更了不得了，一定选周口店猿人生活时的用品。

[2] 遗址位于北京门头沟区斋堂镇军饷乡东胡林村西侧，地处黄土台地间。

展厅当时地方有限，形式设计得考虑这些问题。我们和魏群他们设计人员一块研究，魏群搞形式设计的（美术院毕业的）。我们一块商量：这个要不要图版，这个图版要上什么字，有的要不要拓片。这都得考虑。如果没有这件文物，是不是用图来代替？哪个文物是主线上的？哪个是辅助线上的？有主展的，有辅助的，这都是展览的一些规律。就这样边调整边研究，就是这么搞出来的。

搞展览我有个体会：你不熟悉文物，展览是不好搞的。所以我觉得学了考古再搞博物馆那是非常合适的，刚刚毕业的学生对库房藏品情况不了解，对北京历史文化不了解，很难下手的，即使给个藏品目录，也不知道挑哪个文物合适。所以我觉得搞考古的人从事博物馆业务工作更合适，对北京市的文物都了解，那才会得心应手。

"北京简史"搞出来以后，首都博物馆对外开放了。牌子挂出来了，影响很大，北京多少年也没有搞过"北京简史"这么一个陈列，就在孔庙那大殿展出。北京简史从1958年搞到1980年，1981年正式展出，这经历了多少年，曲折坎坷。我们接受了这个任务，展览最终能展出，就觉得对古都北京、对首博是件盛事，对博物馆人是莫大的欣慰，那时候我们能参加这样的工作也是幸运。

刘长工：

1980年我进博物馆筹备处以后，第一个展览就是简史。北京简史展览，分三个部分。开始是古代史部分，大概是从远古到唐朝。中间的部分，咱们北京这儿就不叫宋辽元了，叫辽金元。最后一个部分是明清部分。齐心负责前一部分，赵其昌负责中间的部分，我负责明清部分。提纲各人写各人的。当时我们挺困难的，没有北京史的本[1]。后来还是齐心跟赵其昌他们，找了一个北大的“北京史”讲义，就以那个为蓝本，自己再琢磨，就这样写。赵其昌除了写他那部分，还是拿总[2]的。赵其昌是1952年北大毕业的。人家那两个都是北大毕业的，我是川大的，咱不能跟人家比。

[1] 指现成的可供参考的文本。

[2] 指做展览大纲内容的统稿。

这三部分要说说情况的话，他们那两部分我就不用说了，我也说不清楚。当时我们怎么样划的？当时指派是，搞历史的先写提纲，先写出来陈列大纲。其他的就是底下挑文物，然后美工制作，最后组织起来。就是每一个部分，美工派一个人，保管部派若干人。后来我们确实觉得挺困难，这三个人都没办过展览，怎么办呢？但甭管怎么办，命令给咱们下了，赵其昌说：“咱们哭也得哭出来。”先说定名叫什么，北京历史咱不敢做，那就北京简史吧，定的名就叫“北京简史陈列”。然后各人写各人的，有多少写多少。

明清这部分展览大纲我大概分了几部分。先是，明清的城墙城垣，内城外城。重大事件写了大顺政权，就是李自成，在北京还有个御前保卫战。另外底下好像东厂、西厂，科举也带一点，其他就是一些文物，最后一个是朗润园的一个图。北京大学有个园叫朗润园，那个图搁咱们博物馆整个一面后墙，挺壮观的。文物是咱们库房的。咱们说文物这不是两种嘛，一种叫传世的，一种叫出土的。出土的来自文物工作队，现在叫文物研究所，文物出土了以后，人家整好了给咱们。至于征集的或者是文物商店给的，那就是另外两个渠道。我记得那时候咱没有李自成的画，就到故宫让人复制了李自成的画，做御前保卫战这块。

任务下得紧，我记得有一个姓陈的处长[3]，就是文物局博物馆处的，是个女的，还有另外一个女同志[4]，也是文物局博物馆处的。她两个亲自坐镇，大家开玩笑说，跟“督战队”似的，每天我们向她们汇报情况，有什么困难提出来，真的都保障。那会儿，我不知道别的组的情况。我们组，基本上就我跟孙秀清是入党积极分子，其他都是党员。我这一部分，美工派的是一个姓纪的，女的，我光给她记着是小纪[5]，是个党员。我就跟刘秀中说，你是党小组长，咱不能落后别人，你想咱这几个人，除了党员，就是两个积极分子，这还有什么话说。要是人家都办成了，咱“哭”不出来，不好交代。

[3] 陈启民同志。

[4] 李丽蓉同志。

[5] 纪平，曾在首都博物馆任职。20世纪80年代中后期调往四川工作。

大概就是这样，我们终于“哭”出来了。大纲写好了以后，先摆摆。摆成了以后，底下小文物的说明我们也能凑合写写，我们那会儿还会写书法，先自己写，摆摆看看，最后美工写所有的字，该画的画。

张宁：

首都博物馆要开馆了，总得对外有个代表本馆的展览。第一个就是北京简史展览，那是我们第一次正式作为一个基本陈列搞的，这个我比较清楚，我参加了。这个展览是赵其昌领导我们搞的，既有古代史部分，又有近现代史部分，就在孔庙的东西两边大殿搞。当然后来重点就是古代部分，一直到清朝，民国以后这一段就不太重视了，有一定难度。历史大纲是我们陈列部分工写的。大概分为这几个单元：一、燕蓟遗迹，二、北方重镇，三、统治半个中国的都城，四、元大都——统一的多民族的全中国的首都，五、明清北京。

我记得啊，有个叫刘长工的，他是负责明和清这一段，我是负责元

左图：首都博物馆开馆时立于国子监街东口的展览宣传牌
右图：立于北京孔庙门口的展览宣传牌
资料提供：首都博物馆

代，还有一个叫陈汉玉的，他就负责魏晋南北朝这一段。齐心是搞考古的，早期春秋战国那块是她们搞的。展览用的这些文物都是从自己库房调出来的，因为首都博物馆文物有些积累，再加上考古发现的文物，那时候考古队和博物馆没分家，考古队的东西都在首都博物馆。

当时办这个展览，社会反响还不错，因为毕竟是开天辟地第一次，作为北京历史对外展出，评价还不错。从无到有，本身就有它的历史价值。

首都博物馆开馆后观众参观“北京简史陈列”的场景

资料提供：首都博物馆

首都博物馆开馆时基本陈列“北京简史陈列”展厅的场景

资料提供：首都博物馆

首都博物馆开馆后日本外宾观看“北京简史陈列”的场景

资料提供：首都博物馆

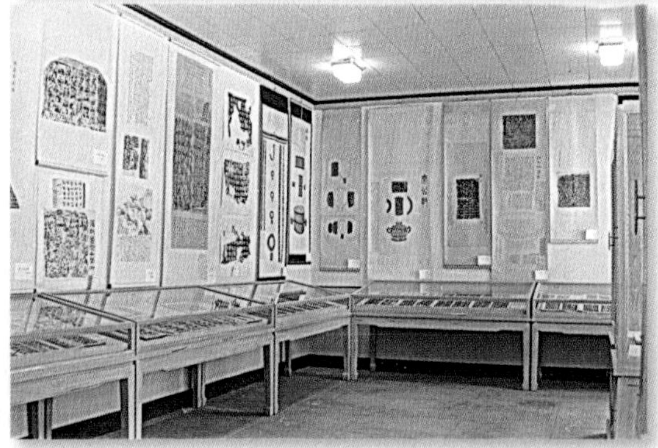

北京に首都博物館オープン

中国歴代碑帖展開催

首都国立博物館前景

十月一日、中国・北京市に「首都博物館」が開館し、一般に公開された。この博物館は市内・国子監街の孔子廟に設けられたもので、開館を記念し「中国歴代碑帖展」「北京略史陳列」「李大釗同志記念展」が開催された。

「中国歴代碑帖展」は十月一日より二ヶ月にわたり、古代から明清に至る石碑・摩崖碑・墓志銘・鼎・甲骨文などの碑拓二百二十種が展示された。これらはすべて年代順に陳列され、文字の経過が一目でわかるように企画されており、新出のものが多数含まれているという。また、翁方綱や羅振玉の旧蔵品とみられる自筆の賛の入った拓もいくつか展示され、観客の関心を集めたと伝えられている。

なお、北京を訪れ、この展覧会を参観した評論家の宮川寅雄氏は、「宋や明清の拓に興味をひかれるものが多くあった。この展覧会を日本に移して開くことができれば、非常に有益でしょう」と語っている。

紙などの加工は、都内でも腕
言われる小室徳氏（現社長・
氏父君八十三歳）が直接漉い
一手に卸し販売するため、この品質と安さが生まれている。

また今日、"紙は翠祥堂"と第一線の書家の間で高い評価を受けるようになった由縁は、各作家の個性・書風をわきまえたうえで、作品を最も生かす紙作りをしている点にある。筆も同様、作家の立場に立ち、書風書体に合わせて作られており、大きな信頼を寄せられている。

小室洋輔氏が二代目としてこの店を継いだのは、今から十年程前。この時、手

左图：“中国历代碑帖展览”展室外景、展厅内景

右图：日本杂志对展览的报道

资料提供：首都博物馆

筹备期间的展览情况概览

时间		展览名称	主办	地点	办展方式	展出情况	其他情况
1954年	3月8日—4月11日	“北京出土文物展览”	北京市文物调查研究组	北海公园天王殿	自主筹办	公开展出	展出1949—1954年在北京城市建设工程中出土的重要文物841件
	5月	“首都历史与建设展览——首都社会主义建设时期”	首都历史与建设博物馆筹备处	无	自主筹办	未展出	完成陈列提纲与陈列计划
1955年	2月16日	“首都历史与建设展览”	首都历史与建设博物馆筹备处	无	自主筹办	未展出	北京市副市长吴晗主持召开主题座谈会
1956年	11月	“首都出土历史文物展览”	首都历史与建设博物馆筹备处	天坛长廊	与北京市文物调查研究组合办	公开展出	展出1949—1956年在北京地区出土的文物
	12月20日	“北京重要出土文物展览”	北京市文物调查研究组	天坛长廊	自主筹办	公开展出	展出1949—1956年北京地区重要出土文物526件
1957年	2月1日—4月15日	“北京市出土文物展览”	北京市文物调查研究组	天坛	自主筹办	公开展出	
	4—9月	“明清书画展览”	首都历史与建设博物馆筹备处	北海公园天王殿	与北京市文物调查研究组合办	公开展出	
	11月15日	“首都社会主义建设时期陈列”	首都历史与建设博物馆筹备处	无	自主筹办	未展出	北京市副市长王昆仑邀请各有关单位审定陈列计划
1958年	2月	“首都十年建设成就展览”	首都历史与建设博物馆筹备处	北京孔庙	与北京市各有关单位合办	未展出	由中共北京市委、市人委决定筹办
	7—11月	“十三陵水库展览”	首都历史与建设博物馆筹备处	北海公园天王殿	与十三陵水库修建总指挥部政治部合办	公开展出	
	10—11月	“文字改革展览会”	首都历史与建设博物馆筹备处	北海公园天王殿	与中国文字改革委员会合办	公开展出	

续表

时间		展览名称	主办	地点	办展方式	展出情况	其他情况
1959年	9月	“首都十年建设成就展”	首都历史与建设博物馆筹备处	无	自主筹办	内部展出	经北京市副市长万里审查
1960年	5月	“北京古代史陈列”	首都历史与建设博物馆筹备处	无	自主筹办	未展出	完成设计初稿
1963年	7月	“北京市出土文物展览”	北京市文物工作队	北海公园天王殿	自主筹办	公开展出	从1949年后北京地区出土的8万多件文物中挑选700多件文物展出
1964年	6—10月	“北京市出土文物展”	首都博物馆筹备处	北海公园天王殿	自主筹办	公开展出	
	6—10月	“北京辽、金、元、明、清历史陈列”	首都博物馆筹备处	无	自主筹办	未展出	陆续完成陈列提纲
1965年	5月	“支援越南人民抗美救国”	首都博物馆筹备处	北海公园天王殿	自主筹办	公开展出	图片展
	12月9日	“‘一二·九’运动三十周年纪念展”	首都博物馆筹备处	北海公园天王殿	自主筹办	公开展出	展至1966年2月
1966年	3—5月	“抗日战争在平西、平北”	首都博物馆筹备处	无	自主筹办	未展出	仅征集了文物
1972年	5月30日	“北京市出土文物展览”	北京市文物管理处	无	自主筹办	未展出	拟就展览计划
1979年	10月29日	“李大钊同志诞辰九十周年纪念展览”	首都博物馆筹备处	陶然亭慈悲庵	与中国革命历史博物馆合办	公开展出	展至1980年5月31日
1980年	2月8日—3月10日	“清代民俗画展览”	首都博物馆筹备处	中山公园	自主筹办	公开展出	
1981年	7月1—31日	“纪念中国共产党成立六十周年·党的创始人之一李大钊同志革命事迹展览”	首都博物馆筹备处	陶然亭慈悲庵	与陶然亭公园管理处合办	公开展出	
	10月1日	“北京简史陈列（古代部分）”、“李大钊同志纪念展览”和“中国历代碑帖展览”	首都博物馆	北京孔庙	自主筹办	公开展出	开馆展览

大事记

1951年

⊙ 7月1日　北京市文物调查研究组成立，主任傅振伦。该组的任务是在北京市政府文化教育委员会的领导下，进行保护物质和精神文化遗产的工作。

⊙ 8月28日—9月25日　由中国科学院考古研究所安志敏、石兴邦、王伯洪、王仲殊、马德志与文化部文物局罗福颐共同组成的发掘团在海淀区董四墓村考古发掘明墓第一号墓。由墓志得知该墓为熹宗3个妃子（张裕妃、段纯妃、李成妃）的合葬墓。因墓早年被盗，遗留的随葬品不多。

⊙ 9月3日—11月20日　由中国科学院考古研究所石兴邦、王仲殊、白万玉、徐智铭组成的发掘团，对海淀区董四墓村明墓第二号墓进行考古发掘。墓内积水深达2.2米。墓内埋葬的7人，据墓志记载都是朱翊钧（万历帝）的内嫔。墓内7棺有4棺被盗，未盗的3棺存有不少精美金银首饰、器皿和玉件、铜器、瓷器。

1952年

⊙ 8月　北京市文物调查研究组到市财政局实物库鉴定挑选字画。

⊙ 9月22日　北京市文物调查研究组开始发掘位于西直门外车道沟田中的洪承畴夫妇墓地。

1953年

⊙ 3月12日　北京市文物调查研究组接收北京市公安局移交的中孚银行库存无主文物。

⊙ 3月　26日，北京市文物调查研究组接收北京市法院处理的平易钱庄案内有关文物。31日，北京市政府办公会议决定作价款先由财政垫支，将来在博物馆经费内支出。

⊙ 4月27日 北京市副市长吴晗和中央人民政府文化部社会文化事业管理局局长郑振铎，召开关于建立“首都历史与建设博物馆”的座谈会，邀请20余位专家学者和知名人士商讨有关筹建事宜。吴晗副市长提出参照莫斯科历史与建设博物馆模式，建立“首都历史与建设博物馆”的设想。

⊙ 5月4日 北京市委就朝阳门、阜成门和东四、西四、帝王庙前牌楼影响交通的问题向中央请示：拟拆掉朝阳门、阜成门城楼和瓮城，交通取直线过；东四、西四、帝王庙牌楼一并拆除。5月9日，中央批准了这个方案。

⊙ 10月13日 北京市文物调查研究组发掘复兴门外木樨地清代阿席熙墓。

⊙ 12月22日 北京市政府秘书长薛子正主持召开联合办公会，讨论北海公园天王殿的使用问题。与会的有北京市园林处、文教委员会、文物调查研究组等单位的同志。会议决定北海公园天王殿由文物调查研究组使用，原则上尊重和服从北海公园管理处的统一管理权，天王殿的一切具体管理、陈列等项由文物调查研究组负责，于25日移交接管。

1954年

⊙ 2月18日 北京市人民政府批准成立首都历史与建设博物馆筹备处，与北京市文物调查研究组合署办公，主要工作由文物调查研究组兼管。天坛内的七十二长廊（又称七十二连房）和宰牲亭作为展览地点，划归筹备处管理。文物调查研究组将收藏于北京市财政局实物库的登记古物移交给首都历史与建设博物馆筹备处，开文物入藏之始。

⊙ 3月8日—4月11日 首都历史与建设博物馆筹备处与北京市文物调查研究组一起，在北海公园天王殿举办成立后的第一个展览“北京出土文物展览”，展出1949—1954年在城市建设工程中出土的重要文物841件。

⊙ 5月13日　文化部指示北京市文物调查研究组与北京市五金公司联系拣选废铜中的文物。

⊙ 11月20日　北京市文物调查研究组发掘清河镇古汉城遗址。此前曾于4—5月间发现汉瓦片，7月发现古城墙遗址，城周长约4华里，11月发现汉陶片，夹有铁工具、残铁渣，似为汉代炼铁炉或作坊。

⊙ 12月21日　文化部社管局（54）文社物字第99号文对北京市文物调查研究组提出拣选废铜中文物的方法表示同意。其方法是将青铜器的主要特征告知有关工人，请先拣出存留，再由北京市文物调查研究组派人鉴定，并决定是否保留。

⊙ 12月29日　北京市文物调查研究组将1952年11月姚家井发现的唐信州刺史河东薛府君墓出土的残存十二生肖石刻中的五个进行仿制，分寄南京博物院、西安西北历史博物馆、广州博物馆、重庆西南博物院、沈阳东北博物馆、山东省博物馆筹备处、北京大学等有关单位。

1955年

⊙ 2月16日　北京市副市长吴晗主持召开“首都历史与建设展览的分期、对象及有关问题”座谈会。

⊙ 5月16日　北京市人委（54）第32次联合办公会议决定，在北海公园天王殿琉璃阁东西两侧各修一排廊房，作为北京市文物调查研究组的办公室。共28间，总面积837平方米。

⊙ 10月29日　北京市编制委员会下达《京编字第2571号通知》，批准首都历史与建设博物馆筹备处正式编制8人，与北京市文物调查研究组合署办公。

1956年

⊙ **3月** 北京市文物调查研究组改由北京市文化局领导，库藏文物167980件、图籍64010册全部拨交首都历史与建设博物馆筹备处。

⊙ **5月** 首都历史与建设博物馆筹备处完成“首都历史与建设展览——首都社会主义建设时期”陈列提纲与陈列计划。

⊙ **11月** 北京市文物调查研究组与首都历史与建设博物馆筹备处在天坛长廊举办“首都出土历史文物展览”，展出1949—1956年在北京地区出土的文物。

⊙ **12月20日** 北京市文物调查研究组在天坛长廊举办“北京重要出土文物展览”，展品526件。

⊙ **12月** 意大利贸易代表穆拉托利向我国文物机构无偿捐赠文物。文物交首都历史与建设博物馆筹备处保管。

⊙ **12月** 文化部决定从全国各地博物馆协调干部支援首都建馆工作。于是从湖南、四川、重庆、天津、云南、上海、山东各地协调了7名专业干部先后参加首都历史与建设博物馆的筹建，支援陈列设计工作。

1957年

⊙ **2月1日—4月15日** 北京市文物调查研究组在天坛举办“北京市出土文物展览”。

⊙ **3月12—19日** 北京市文物调查研究组接收北京市财政局实物库书画、陶瓷、铜器和其他文物共741件。

⊙ **4月1日—9月底** 北京市文物调查研究组与首都历史与建设博物馆筹备处合办的“明清书画展览”在北海公园天王殿展出。

⊙ **4月15日** 北京市文物调查研究组从年初至当日共鉴定文物2219件，其中准出口2161件，不准出口58件。

⊙ 5月　整风运动开始，各地调入首都历史与建设博物馆筹备处的7名同志分别返回原馆。不久反右派斗争开始，筹备处工作停顿。

⊙ 6月6日　北京市文化局报市编制委员会申请增编：首都历史与建设博物馆筹备处实有22人，拟增至53人；北京市文物调查研究组实有18人，拟增至32人。

⊙ 6月　首都历史与建设博物馆筹备处接收叶叔重盗宝案中没收的玉器、陶器、瓷器、铜器、书籍等。

⊙ 7月　首都历史与建设博物馆筹备处接收北京市财政局实物库瓷器7件、陶器2件。连同3月，两次共接收中国人民银行发行局移交文物1965件。

⊙ 9月7日　北京市文化局文物调查研究组与首都历史与建设博物馆筹备处分开办公。文物保护和考古发掘业务归筹备处负责。

⊙ 9月30日　接收北京市昌平县留家桥乡立水桥村发现的一个明代宣德年铜熏炉。

⊙ 10月　16日接收文物：崇效寺铜、木、泥质的各种神像342尊。24日接收文物：中国画研究会两位会员捐赠的古画10件。

⊙ 11月　14日接收文物：北京市西单区人民代表捐献《捃古录》木刻书版一部（共14箱939块）。20日接收文物：翟孟村捐赠杨深秀所画的山水扇面一横幅。

⊙ 11月15日　北京市副市长王昆仑邀请各有关单位审定首都历史与建设博物馆筹备处提出的“首都社会主义建设时期陈列计划”，张友渔、吴晗等到会。

⊙ 12月20日　北京市人民委员会办公厅印发副市长张友渔对市财政局、房地产管理局、文化局、园林局、道路工程局联合上报的《关于检查现存各处拆除的古建材料的情况和处理意见》的批示，包括：“（四）帝王庙牌楼：该牌楼是因大木糟朽，牌楼倾塌拆除的。前旧都文物整理委员会计划在复建时，将柱子、大额枋等件，改为水泥钢筋制。其上部构件如斗拱等，经文物调查研究组会同道路工程局检查，保存尚完好，损坏不多，仍可照建两座。”

⊙ 12月30日　接收文物：故宫博物院拨交志愿军捐献礼品29件。

1958年

⊙ 1月17日　北京市启动文物调查工作，市文化局从局属事业单位抽调干部20人，成立文物调查工作队。

⊙ 2月　中共北京市委、市人委决定：首都历史与建设博物馆筹备处立即着手筹办“首都十年建设成就展览”，地点在北京孔庙，与市各有关单位合办。

⊙ 4月1日　北京市文化局、园林局共同商定，将天坛七十二长廊及宰牲亭（也叫打牲亭）、神厨3处房屋交给天坛公园。首都历史与建设博物馆筹备处曾在天坛公园内办公。

⊙ 7月21日　经北京市人民政府（58）文人6号批准，首都历史与建设博物馆筹备处编制定为43人。经市文化局批准，内设办公室、陈列、绘制、保管、群众工作等组。

⊙ 7月　十三陵水库修建总指挥部政治部与首都历史与建设博物馆筹备处联合举办“十三陵水库展览”。地点在北海公园天王殿，展期至11月。

⊙ 10月　中国文字改革委员会与首都历史与建设博物馆筹备处联合举办“文字改革展览会”，地点在北海公园，展期至11月。

⊙ 11月　北京市文物鉴定组鉴定出4000余件不应出口的文物，经市文化局批准，首都历史与建设博物馆筹备处收购了其中的120余件。

1959年

⊙ 3月　中国历史博物馆拟就征调文物清单，经文化部社会文化事业管理局局长王冶秋审批后，报请中宣部发往各省市有关单位。

⊙ 4月15日　经北京市文化局批准，首都历史与建设博物馆筹备处处理非文物3888件。交市财政实库1637件。

⊙ 5月　首都历史与建设博物馆筹备处接收东城房管局代管文物99件。

⊙ 6月　首都历史与建设博物馆筹备处接收个人捐献文物449件，其中有玉器、瓷器、铜器。

⊙ 9月　“首都十年建设成就展”初步就绪，经北京市副市长万里审查，决定内部展出。

⊙ 10月　北京市完成全市17个区县的文物调查复查工作。

1960年

⊙ 1月　北京市文化局批复同意对和硕惠端亲王墓和多罗惠敬郡王墓的考古发掘工作，由首都历史与建设博物馆筹备处、北京市文物调查研究组会同周口店区文化科进行摄影后，共同发掘。

⊙ 2月18日　信修明家人捐赠其遗著《宫廷琐记》原稿4本。

⊙ 3月31日　北京市人民委员会批准，撤销北京市文物调查研究组，其考古发掘、文物调查研究、文物征集工作由首都历史与建设博物馆筹备处负责，部分文物行政管理权交回市文化局。

⊙ 4月　北京市文物工作队成立。

⊙ 5月14日　北京市文化局向所属单位发出通知，要求贯彻博物馆及文物工作为农业服务方针。

⊙ 5月　首都历史与建设博物馆筹备处完成“北京古代史陈列”设计初稿。

⊙ 10月26日　北京市文化局做出规定：在京各图书馆、博物馆及科学研究机关不得直接到外埠和民间收购古旧图书和文物；如果需要，可以向中国书店、文物商店购买，或委托这两个店按照各单位提供的线索代向民间采购。其目的是避免多头直接收购刺激古旧图书和文物的价格上涨。

⊙ 12月　中共北京市委决定：因国家经济困难，撤销“首都历史与建设博物馆筹备处”，该处承担的相关工作移交北京市文物工作队。人员缩减，文物移交。

1961年

⊙ 2月13日　北京市文物工作队邀请中国历史博物馆、故宫博物院、中央美术学院、北京市文物商店等单位专家到广化寺集体鉴定处理铜佛像。

⊙ 3月17日　北京市文物工作队、北京市民族事务委员会寺庙管理组、西城区废品回收公司、广化寺共同在广化寺鉴定处理铜质佛像和器物。由文物工作队和民族事务委员会寺庙管理组分别保留。

⊙ 5月6日　广化寺、北京市文物工作队、新北废品收购站、北京市民族事务委员会寺庙管理组共同在广化寺鉴定处理一批铜质佛像。

⊙ 5月　北京市文物工作队制定考古发掘工作10项原则，制定文物保管工作18项制度。

⊙ 10月　北京市文物工作队接收北京市民族事务委员会寺庙管理组移交的历代各类文物，其中水陆道场画443张。

⊙ 11月17日　北京市文化局奖励一批保护文物和捐献文物的单位和个人。

1962年

⊙ 1月23日　北京市文物工作队做出《“大跃进”以来北京市的文物工作总结》。

⊙ 11月29日　北京市文物工作队对孔庙西碑亭内存放的文物以及大成殿内陈列的祭器、乐器进行清理登记。

⊙ 12月22日　北京市文化局任命彭成同志为北京市文物工作队主任。

⊙ 12月底　北京市文物工作队共完成17项文物保护单位的“四有”工作。

⊙ 12月　北京市文物工作队总结1961—1962年工作：继续接收并处理相关文物；修缮48项市内文物保护单位；发现18处遗址，组织小型试掘；举办“文物保护”“清代年画”“清代民俗画”“捐献文物”“四有工作”等主题展览；编写《北京名胜古迹》。

1963年

⊙ 5月20日　北京市文化局明确北京市文物工作队的任务和性质，其中第4条：为建立首都博物馆奠定物质基础。

⊙ 6月　北京市文化局指示北京市文物工作队筹建“首都博物馆”，文物工作队抽调5人负责此项工作。

⊙ 7月　北京市文物工作队在北海公园天王殿举办“北京市出土文物展览”。从1949年后北京地区出土的8万多件文物中挑选了700多件文物展出。

⊙ 10月17日　北京市文化局机关党组向市委并市委书记处书记邓拓提出《关于恢复“首都博物馆筹备处”机构与任务的请示》。11月，邓拓批示：“可以恢复首都博物馆筹备处机构。”郑天翔、万里也都同意。12月，王昆仑副市长批示：“基本同意。”

1964年

⊙ 4月1日　首都博物馆筹备处由原首都历史与建设博物馆筹备处恢复成立。

⊙ 6月3日　北京市机械施工工程公司在石景山区上庄村西北老山脚下发现石刻3件，次日又发现5件，后经发掘共出土石阙构件17件。此石刻为汉代元兴元年（105年）十月所建的幽州秦姓书佐墓前的一组神道阙、神道表。北京市文物工作队进行发掘整理并运回石构件，进行捶拓。

⊙ 6月　在北海公园天王殿举办“北京市出土文物展”，展至10月。

⊙ 6—10月　首都博物馆筹备处陆续完成“北京辽、金、元、明、清历史陈列”提纲。

⊙ 11—12月　首都博物馆筹备处征集到与陈列有关的文物40件，藏品累计78000余件，按来源与分类设两套编目卡。

1965年

⊙ 5月1日　首都博物馆筹备处在北海公园天王殿举办“支援越南人民抗美救国”图片展。

⊙ 5月　北京市市政二公司将历代帝王庙牌楼斗拱部分运交北京市文物工作队保存，实物存大慧寺殿内。

⊙ 8月30日　首都博物馆筹备处就中国科学院考古研究所“金中都考古工作计划”提出工作意见。

⊙ 12月9日　首都博物馆筹备处在北海公园天王殿举办“‘一二·九’运动三十周年纪念展”，展至1966年2月。

1966年

⊙ 3—5月　首都博物馆筹备处以平西、平北抗日战争根据地所在地区为中心进行革命文物征集工作。

⊙ 6月　“文化大革命”开始，首都博物馆筹备处的业务工作停顿。

⊙ 9月6日　北京市文物工作队“文化大革命临时主席团”印发北京市第七中学、河南省文物工作队、郑州电力学校、河南医学院、郑州市第十六中学等单位红卫兵组织宣传保护文物的传单。

1967年

⊙ 2月13日　北京市古书文物清理小组成立。成员来自北京市文化局、市外贸局、中国书店、文物商店、北京市文物工作队等单位，共10人。主要任务是收集、整理、保护1966年8月以来红卫兵查抄的有价值的古书、文物，并对革命文物和古代建筑等进行调查保护。同年8月，清理小组迁往东城区府学胡同36号办公。由贾书玉任组长，李余秀、赵学勤任副组长。

⊙ 7月　10日，上海市文物商店鉴于当时北京市古书文物清理小组把残损破缺的瓷器当作废品处理，提出将这些瓷器运往上海，修补后换汇。13日，北京市古书文物清理小组同意放宽鉴选尺度，上述瓷器不再当作废品处理。

1968年

⊙ 2月20日　北京市革命委员会发出《关于无产阶级文化大革命中红卫兵查抄财务、房地产处理的通知》，规定凡属有保存价值的文物、图书、字画等，一律由北京市古书文物清理小组派人挑选保存。

⊙ 3月11日　北京市古书文物清理小组制定《关于无产阶级文化大革命中查抄文物、图书清理接收的试行办法》。

⊙ 4月22日　北京市古书文物清理小组代市革命委员会拟就《关于加强文物保护管理的通知》。

⊙ 7月20日　北京市文物商店将抢救保护清理查抄的近千件文物移交给北京市古书文物清理小组。

⊙ 9月　进驻北京市文物工作队的军宣队、工宣队宣布：首都博物馆筹备处建制撤销。

⊙ 11月29日　首都博物馆筹备处与北京市文物工作队、北京市古书文物清理小组合并，成立北京市文物管理处。军代表万海亭任主任，梁丹任副主任。

1969年

⊙ 8月9日 北京市文物管理处清理、捆装阿英被抄图书、文物。

⊙ 8月18日 北京市革命委员会批准由北京市文物管理处清点、造册、接收保管被抄图书、文物。

⊙ 11月4日 北京市文物管理处进行机构调整，建立四个队两个组：文物队、图书队、文物保护发掘队、文物清理拣选队、政工组、后勤组。

⊙ 11月11日 北京市文物管理处向市文化局请示：因战备，查抄物资不再分户保存，按统一分类，集中保存。

1970年

⊙ 1月9日 北京市文物管理处将文物和图书装入战备箱。

⊙ 1月27日 北京市文物管理处与中国科学院考古研究所制定《关于继续配合北京市地铁二期工程的考古工作计划》，以便共同对元大都遗址进行考古发掘。

⊙ 3月 北京市革命委员会文教组同意北京市文物管理处拆除夕照寺壁画的方案，要求尽可能地使之完整地揭下来并另地保存。配合备战，清理古墓20余处、遗址7处，发现文物500余件。

⊙ 4月 北京市文物管理处与市园林局建筑队、北京市建筑设计院勘测处等单位组成天坛祈年殿检查小组，对天坛祈年殿进行为期一周的检查，结果为“需大修”。

⊙ 8月6日 北京市革命委员会文教组批准北京市文物管理处关于出口郊区县查抄物资中拣选出来的瓷瓶的请示。北京市文物管理处移交给北京市工艺品进出口公司可出口的大瓶的作价款，到1971年4月交东城区查抄办上交国库；不能出口的有保存价值的瓷器由北京市文物管理处保存，其中有残破的300余件待处理。

⊙ 8月　北京市文物管理处为战备，将所属北海、府学、孔庙三个库房的文物和图书装箱。文物共装92箱，字画共装11箱。

⊙ 9月1日　北京市革命委员会文教组和财贸组同意北京市文物管理处重新鉴定并处理市外贸局库存10余万文物。

⊙ 9月17日　北京市文物管理处向市革命委员会文教组提议：将从各炼铜厂、废品收购站拣选的价值不大的铜质器物移交北京市外贸部门或退回炼铜厂。今后拣选工作由北京市文物管理处、市外贸部门和市文物商店共同承担。

⊙ 9月20日　第三届全国人民代表大会代表载涛病故，周恩来总理就其被查抄财物问题批示：有保存价值的文物由北京市文物管理处收购，价款退还其家属。

1971年

⊙ 2月　经北京市文化系统宣传队指挥部批准，北京市文物管理处接收老同志魏今非下放前捐献的文物、字画、私章书画等；接收翁文灏家属捐献的字画。

⊙ 5月8日　北京市革命委员会副秘书长王磊主持会议讨论《北京市旧工艺品调查情况报告》。会议决定：1. 文物出口鉴定仍由北京市文物管理处统一负责；2. 每年定期将不能出口的文物拨交北京市文物管理处保管；3. 经营业务由市外贸局统一负责；4. 把好造纸厂、炼铜厂拣选文物的关。

⊙ 5月22日　北京市外贸局和市文化系统宣传队指挥部联合决定，收回原北京市文化局1964年发的文物出口鉴定火漆印章，今后由北京市文物管理处统一掌握使用。

⊙ **9月1日** 北京市文物管理处正式开始落实处理查抄文物、图书政策工作。

⊙ **10月7日** 北京市文物管理处根据上级指示，选送61件出土文物参加“中国出土文物展览”，其中瓷器31件、金器13件、玉器1件、铁器13件、服装3件。

⊙ **11月16日** 北京市文物管理处制定《图书馆和文物资料库提供服务的办法》。

⊙ **11月** 北京市文物管理处编制方案确定：主任1人、副主任2人、政工组4人、保卫组10人、业务组3人、后勤组13人、文物修整组9人。第一队文物保管、鉴定、陈列30人；第二队图书清理、保管、陈列22人；第三队文物保护、发掘清理、拣选26人。

⊙ **12月30日** 北京市文物管理处查抄物资拣选工作基本结束：文物538500余件、字画185300余件、图书（包括资料）2357000册、木器5000余件，另从各造纸厂、废品站炼铜厂拣选图书314吨、铜质文物85吨。

1972年

⊙ **4月10日—6月10日** 北京市文物管理处与中国科学院考古研究所组成元大都考古发掘队，清理发掘了后英房元代居住遗址。该遗址出土了宋代紫金石长方砚、铜器、瓷器及古钱币等文物，为研究元代社会生活和工艺技术提供了丰富的实物资料。

⊙ **5月30日** 北京市文物管理处拟就“北京市出土文物展览计划”。

⊙ **10月6日** 北京市文物管理处从北京市物资回收公司金属供应站的废铜中拣选西周青铜器“班簋”一件。郭沫若先生为此撰文《“班簋”的再现》。

⊙ 10月20日　北京市文物管理处配合北京大学历史系师生教学实习，共同协作开始对房山县琉璃河公社董家林村、刘李店村商周遗址进行重点试掘。

⊙ 10月28日　北京市文化局任命李长发为北京市文物管理处革命委员会主任，11月20日任命梅村为副主任。

⊙ 12月3日　下午，周恩来总理视察北海公园时，参观北京市文物管理处在天王殿的文物库房，了解“北京市出土文物展览”的筹备工作情况。

1973年

⊙ 3月26日　北京市文物管理处提出：外贸部门不得在各地收购出土文物；改进对西藏文物的保管并不得出口；对北京市工艺品进出口公司不能出口的文物按国务院和北京市财贸会议精神及时进行交接。

⊙ 3月29日　北京市文物管理处向市文化局汇报库存唱片情况。

⊙ 3月30日　北京市文化局为改进出口文物的鉴定工作，防止文物外流，决定收回1965年委托给荣宝斋、中国书店、文物商店专为鉴定用的3枚火漆印章，由北京市文物管理处统一掌管。

⊙ 4月6日　北京市文物管理处文物出口鉴定组从国子监街13号（孔庙）迁至建国门外大街21号（北京友谊商店）一楼办公。

⊙ 5月5日　北京市革命委员会文教组批准从北京市文物管理处调给南京灵谷寺一尊高2.8米、带莲花座的明代铜佛。

⊙ 6月7日　北京市文物管理处与中国科学院考古研究所组成元大都考古队，开始在西城区桃园元代居住遗址进行发掘，9月初结束。

⊙ 8月4日　北京市文物管理处从废品回收公司稀有金属冶炼厂拣选保留西藏运京的铜佛26000余公斤，全部运到故宫库房保存。

⊙ 8月17日　北京市革命委员会批准北京市文物管理处调拨给洛阳市文

化局佛像文物26件，调拨给开封市博物馆瓷器、拓片等5件（份）。

⊙ **9月5日** 北京市文物管理处借给中国革命历史博物馆双凤石雕和针灸穴位碑各一件。

⊙ **10月4日** 北京市文物管理处与中国科学院联合组成的元大都考古队，开始在西城区旧鼓楼大街豁口以西的建华铸钢厂元代居住遗址进行发掘，11月底结束。

⊙ **12月18日** 北京市文物管理处向市平整土地办公室提出《关于进一步配合平整土地做好文物保护和考古发掘工作的意见》。

⊙ **本年** 北京市文物管理处在房山县琉璃河商周遗址共发掘16座墓葬。

1974年

⊙ **1月** 北京市文物管理处再次对大兴县大回城村遗址进行调查，根据新发现和出土的遗物判断该遗址是始自西周，历经战国、汉、唐直至元代的重要遗址。

⊙ **8月** 北京市文物管理处开始对丰台区黄土岗公社大葆台汉墓进行发掘。

⊙ **本年** 北京市文物管理处鉴定出口文物240000件。

1975年

⊙ **5月14日** 北京市文物管理处为提高区、县文物干部对文物工作的认识和了解，组织各区、县文物干部40余人到中国革命历史博物馆参观由国家文物事业管理局主办的“各省、市、自治区新发现文物汇报展”，参观后进行座谈。

⊙ **6月** 北京市文物管理处为新华社对外宣传组编写《北京市文物保护工作简况》。

⊙ 9月18日　北京市文物管理处在门头沟区召开革命文物工作座谈会，参加会议的有北京各区县的文物干部18人。国家文物事业管理局、北京市文化局和门头沟区委的负责同志出席会议。

⊙ 11月22日　根据北京市文化局的要求，北京市文物管理处组成5个文物工作组，共12人，先后深入门头沟、房山、石景山、丰台、海淀、昌平、延庆、密云、怀柔、顺义、通县、大兴等区、县进行文物调查与宣传。

1976年

⊙ 1—5月　北京市文物管理处从炼铜厂、废旧物资回收公司等单位即将熔化的废铜中拣选出文物928件。

⊙ 3月15日　北京市文物管理处派人参加由中国科学院哲学社会科学学部自然科学史研究所主持的《中国建筑技术史》编写工作，承担部分章节的编写任务。

⊙ 4月2日　经北京市革命委员会文卫组批准，市文化局任命彭成、弓濯之为北京市文物管理处顾问。

⊙ 6月　北京市文物管理处制定文物库房管理制度，共8条。

⊙ 9月1日　北京市文物管理处为做好防震工作，决定将一、二级文物图书装箱；增加定做文物箱；展出文物立即清点装箱；加固文物架；准备好防震物品。

⊙ 11月　北京市文物管理处考古小分队在门头沟龙泉务大队发现一处辽金时代的古瓷窑址。

1977年

⊙ 4月22日　北京市物资回收公司、北京市文物管理处、北京市文物商店共同召开“从废旧杂铜中拣选文物座谈会”。来自54个单位的61

名代表参加会议，国家文物事业管理局、北京市文化局有关领导出席会议并讲话。会后代表们参观了“拣选青铜器汇报展览”。

⊙ **4月27日** 北京市文物管理处向市文化局提出《关于林彪和“四人帮”反党集团窃取文物图书的情况报告》。《报告》提出：对林彪和“四人帮”窃取的文物图书要加以追查；北京市文物管理处现存文物图书，今后不再出售和外借，按有关政策处理；建议建立“首都博物馆”。

⊙ **11月22日** 北京市各区、县参加“传达全国文物、博物馆、图书馆工作学大庆座谈会精神会议”的代表，参观“北京市出土文物展”。

1978年

⊙ **10月10日** 国家文物事业管理局委托山东省文化局在泰山管理局举办的“碑刻拓片短期训练班”开学，11月10日结业。北京市选派黄秀纯、高继祥、王春城等人参加学习。

⊙ **11月28日** 北京市文物事业管理局成立，主要负责全市历史文物和革命文物的保护，统一管理北京市所属地区的考古发掘、文物出口鉴定、文物市场及图书馆、博物馆工作。

1979年

⊙ **6月9日** 北京市文物事业管理局向中共北京市委宣传部请示，要求恢复首都博物馆筹备处。

⊙ **8月14日** 北京市文物事业管理局提出《关于落实查抄文物政策问题的请示报告》，对几个带政策性的问题提出意见：1. 鉴定后确有保护价值的，由首都博物馆收购，价格不合理的应予补偿。文物、图书由国家收购或本人捐献时，应予以物质和精神鼓励。2. 变价处理的文物图书，可按当时变价价格退还。确无下落的，应说明情况，酌情给予赔偿。3. 尚未处理完的无主文物图书，集中处理；有价值的由首都博物馆收购入藏，其余一律由北京市文物商店作价收购，所得款项作为查抄问题善后工作费用。

⊙ 9月　首都博物馆筹备处正式恢复，梁丹任主任。

⊙ 10月29日　首都博物馆筹备处与中国革命历史博物馆在陶然亭慈悲庵联合举办“李大钊同志诞辰九十周年纪念展览”，展至1980年5月31日。

⊙ 11月20日　首都博物馆筹备处明确首都博物馆的主要任务是收藏和展出北京地区的历史文物与革命文物，研究和宣传北京地区的古代历史和革命历史，编辑和出版有关北京的资料。同月，首都博物馆筹备处迁到国子监街北京孔庙内办公，并对孔庙进行修缮，作为首都博物馆馆址。

⊙ 12月　首都博物馆筹备处接收11000余件文物入库。

1980年

⊙ 2月8日—3月10日　首都博物馆筹备处在中山公园举办“清代民俗画展览”。

⊙ 9月20日　新西兰友人路易·艾黎在首都博物馆筹备处主任梁丹的陪同下参观孔庙。

1981年

⊙ 5月19日　北京市文物事业管理局正式批准首都博物馆的机构设置（北京市文物事业管理局［81］京文物组字第17号文件）：设办公室、陈列部、绘制部、保管部、群工部五个部门。任命梁丹为首都博物馆首任馆长。

⊙ 7月1—31日　首都博物馆筹备处与陶然亭公园管理处在陶然亭慈悲

庵举办“纪念中国共产党成立六十周年·党的创始人之一李大钊同志革命事迹展览”。

⊙ **9月** 国家文物事业管理局、中共北京市委、市政府领导和专家学者任质斌、刘导生、雷洁琼、夏鼐、王仲殊、安志敏、刘子章等到首都博物馆审查即将展出的“北京简史陈列（古代部分）”、“李大钊同志纪念展览”和“中国历代碑帖展览”。

⊙ **10月1日** 历经28年筹备的首都博物馆正式对外开放。馆址设在北京市东城区国子监街13号北京孔庙内。开馆展览包括：基本陈列“北京简史陈列（古代部分）”，专题陈列“李大钊同志纪念展览”、“中国历代碑帖展览”。

致敬讲述人

郭子昇（1919—2017）

曾用名郭羲德、郭杲，1919年10月生于河北省高邑县。1949年考入华北大学短期培训班，毕业后加入支援大西北建设队伍。长期从事文物征集、民俗方面的研究，先后在首都博物馆筹备处、首都博物馆工作。在首都博物馆筹建期参与文物征集、拣选工作，为首都博物馆民俗文物的征集、整理、研究、展示打下基础。曾参与首都博物馆筹备处时期举办的“清代民俗画展览”、首都博物馆第一个民俗展览等，此后一直从事文物征集工作。1985年离休。

于 坚

曾用名张德生，中共党员，1925年2月生于辽宁省沈阳市。长期从事中国博物馆事业的宏观管理和博物馆学的研究。1948年，作为北平军管会联络员参加接管北平文博图单位，参与组建文化部文物局，后任国家文物局博物馆处秘书、副处长。20世纪50年代参加政务院指导接收工作委员会华东工作团，负责接管国民党中央政府各院、部档案、图书。参与研定全国各博物馆的重新定位和发展方向。参加中国第一个访苏博物馆工作者代表团。1984年，被国务院任命为故宫博物院副院长，主持院务，代理党委书记。1988年离休。

费 群

曾用名费淑琴，1933年10月生于山东省日照市。1951年就职于新华书店，1961年调入北京市文物管理处下属北京市文物商店工作。1967年至1976年先后被派往北京市文物清理小组、故宫博物院、中国革命博物馆工作，参与1972年举办的“无产阶级文化大革命”期间出土文物展览的讲解工作。后进入首都博物馆筹备处、首都博物馆工作，长期从事文物账目管理工作，负责文物总账。1988年退休。

吕 维

曾用名王慧儒，1935年11月生于上海市静安区。1958年毕业于南开大学历史系。1958年至1980年先后在首都历史与建设博物馆筹备处、中国革命博物馆、北京市文物工作队、北京市文物清理小组、首都博物馆筹备处工作。曾参与北京市文物调查、基建工地出土的墓葬文物和遗址调查、文物清理等工作，后参与撰写“北京辽金元历史陈列”提纲，为首都博物馆开馆展览“北京简史陈列”打下基础。1980年调至清华大学。1994年退休。

齐心

曾用名齐春芳，中共党员，1937年3月生于辽宁省辽阳市。1961年毕业于北京大学历史系考古专业。1961年至1985年先后在北京市文物工作队、北京市文物清理小组、首都博物馆筹备处、首都博物馆工作。曾参与革命文物征集工作、“一二·九”运动相关展览工作、“北京辽金元历史陈列”提纲撰写工作、“北京简史陈列”展览工作、赴美北京历史文化展览内容设计工作等。1983年8月任首都博物馆副馆长。1985年调至北京市文物研究所工作。1999年退休。

刘长工

曾用名刘云清，中共党员，1937年3月生于山东省菏泽市东明县。1949年1月参军。1963年毕业于四川大学历史系历史学专业。1964年至1980年在北京塑料工业学校任教员。1980年进入首都博物馆筹备处工作，1981年首都博物馆建馆后一直在馆工作。先后参与“北京简史陈列”展览大纲撰写、孔庙“十三经”碑林研究等工作。1997年离休。

王志敏（1937—2020）

曾用名王智敏、匋奚，1937年4月生于北京市。1961年考入中央美术学院美术史美术理论系。1973年到北京市文物管理处出口文物鉴定组工作，研究织绣、书画、玉器等，历任副组长、组长。此后主要从事字画鉴定工作，并组织全国文物系统人员培训，为文物工作的专业化普及做出贡献。1984年调入首都博物馆，1985年任保管部主任。1996年退休。

吴梦麟

中共党员。1937年12月生于山西省运城市。1961年毕业于北京大学历史系考古专业。先后在北京市文物工作队、文物管理处、文物研究所、文物局古建处、北京市古代建筑研究所、北京石刻艺术博物馆工作。长期在北京从事文物考古保护与研究，为中国文物学会专家委员会委员和北京市文物鉴定委员会委员。曾参与调研、编写北京市的“四有”工作和国务院公布第一批全国重点文物保护单位北京地区工作；参加国家文物局《中国文物地图集》的编撰。1999年退休。

张 宁

曾用名张统山，中共党员，1938年8月生于河南省荥阳县。1964年毕业于郑州大学历史系。1964年至1993年先后在首都历史与建设博物馆筹备处、北京市文物管理处、北京市文物工作队、首都博物馆筹备处、首都博物馆工作。在北京市文物管理处出口文物鉴定组担任组长期间，避免了文物的海外流失。曾参与北京地区考古发掘工作、“北京简史陈列”展览大纲撰写工作。1985年5月任首都博物馆副馆长。1993年调至北京古代建筑博物馆。1997年调至北京艺术博物馆，从事管理工作。1999年退休。

刘谨桂

中共党员，1938年9月生于江苏省南京市。1965年毕业于中国人民大学历史系中国近现代史专业。1965年至2003年先后就职于首都博物馆筹备处、首都博物馆。研究馆员。一直从事北京地区近现代史、革命史方面的文物、文献资料的征集研究和革命遗址的调查研究工作，并策划了几场大型展陈活动。1993年起独自承担首博馆藏契约文书的整理与研究工作，整理考证两万余件清初至20世纪60年代京畿地区契约文书。1998年退休，馆内返聘至2003年。

薛 婕

曾用名薛淑芳，1945年7月生于山东省海阳县。1963年至1964年就读于北京市图书印刷职业学校。1964年至2000年先后在北京市文物工作队、北京市文物清理小组、北京市文物管理处、首都博物馆筹备处、首都博物馆工作。在北京市文物工作队工作期间曾担任会计工作，首都博物馆筹建期及建成后在保管部工作，主要负责铜器和杂项文物的保管工作。2000年退休。

后　　记

回望首都博物馆的成长历程，几代人所取得的辉煌成就，正是中国文博事业不断取得进步的见证，正是国家和民族走向文化繁荣、坚定文化自信的体现。然而，从1949年10月1日中华人民共和国成立，1953年第一次提出要筹备建设首都的城市博物馆，到1981年10月1日首都博物馆正式对外开放，筹建历程长达28年之久，可谓一路坎坷。

2014年2月，习近平总书记在视察首都博物馆时做出重要指示："要在展览的同时高度重视修史修志。"这句话坚定了我们梳理自身创业历程的决心。然而现实情况是自有的早期历史档案、文献资料都十分有限，而参与筹备建馆的老一辈首博人均年事已高。因此，在首都博物馆党委的决策下，首都博物馆口述历史编撰组成立，开展了项目规划、人员培训、系统建设、档案查寻、资料梳理等一系列工作。初步梳理了首都博物馆1953年到2020年的发展脉络，发现28年筹备阶段的资料不仅留存甚少，弥足珍贵的一些资料也由于信息记载不完全而无法利用，极为遗憾。

2018年口述历史项目启动以来，首先通过前期案头工作，确定以曾经参与过博物馆建设，特别是首都博物馆筹备期建设的老同志为口述人，从人类记忆这一角度，对首都博物馆的早期历史发展信息进行抢救性收集，通过个体的回忆与记录，利用集体的记忆，从另一个维度记录首都博物馆的创业历史。通过多种渠道联系到能够接受口述采集的老前辈后，先为每位口述人做了详细的信息登记，针对具体情况制定采集提纲。按照档案管理原则，对口述采集资料及采集过程中新获取的相关文字、图片、实物资料进行了编目、分类、存档。同时对馆藏的2万余张历史老照片、10余小时历史老视频和口述收集而来的个人老照片进行了数字化，对口述采集回来的文字进行了整理、校对，希望能在弥补历史资料的过程中尽可能全面地保存住当下的信息，对今后开展史料研究工作能有所帮助。

本书中摘选收录的11位口述者中，有中华人民共和国成立后的第一批文化守护者，更多的是参与首都博物馆筹建的第一代创业者。他们在不同时期、以不同身份参与到博物馆的筹备建设工作中。于坚同志已94岁高龄，是中华人民共和国成立后参加接管北平文博图单位的北平军管会联络员。年龄最小的口述人薛婕同志也已过76岁。他们虽然都已年过古稀，但在每一次口述采集时，谈笑风生间，既是一场历史的探寻，也是一场精神的盛宴。与口述人的每次面对面交流，是回首过往，更是内心的升华，他们用最朴实的语言、最真实的情感，将岁月留在心底的印记呈现给我们。镜头和文字记录下的是有温度的历史表达，一代代博物馆人的精神以这样的方式传承。

2020年，在经过积累与整理后，口述历史编撰组申请确立出版项目，期望将阶段性的成果奉献给世人。前期获取的口述内容经过筛选，初步梳理成文稿，请口述人逐一进行审阅。随后配上口述人提供的图片，又与同时期的档案、新闻、报告、图书、底片、大事记等资料相结合，最后根据筹备期的发展情况和事业分布，思考逻辑、归纳主题，整理出首都博物馆1953年至1981年筹备期的首份历史记录。整理后的文稿尽力保留了口述人现场表达的原意、特征与情绪，对一些口语化的词语做了补充和说明，并对关键词、专业名称、历史事件和相关人物做了详细的注释。无数次的讨论，大量的文字整理、资料查找、内容校对工作，只为口述人、首博人、文博从业者和爱好者，以及所有普通读者都能够对本书所述内容达成无障碍的理解。

此期项目成果中，收录了来自北京市文化和旅游局（原北京市文化局）、北京市文物局（原北京市文物事业管理局）、首都图书馆、北京市档案馆、新华社、北京日报社、首都博物馆及口述人提供的珍贵历史资料、档案共计148份，其中不少档案是首次公开。在历史资料查找过程中我们发现，在筹备期对首都博物馆的称谓主要有五种："首都历史与建设博物馆""首都历史建设博物馆""首都历史古建筑博物馆""首都历史舆建设博物馆”“首都博物馆”。这其中有些名称存在笔误，有些名称带有特定文化背景，给案头工作带来了相当的挑战。在项目团队的坚持不懈和以上多家单位的鼎力相助下，资料得以如淘金般一点点积累，前进的每一步都充满了喜悦。首博修史修志之路刚刚启程，经此历练，项目组对未来的工作充满了斗志。

通过回顾首都博物馆筹备期的困苦，深感国家早期建设之艰难，文博行业发展之艰辛，更清晰地认识到我国今天的文化大发展大繁荣是如此来之不易。因受时间紧迫、场地限制、口述人身体状况、记忆力、表达力、个人情感等因素的影响，口述项目进行过程中不免有很多遗憾，却也为今后的工作积累了很多经验和教训。希望未来能够做得更加完美，更希望此成果出版后，更多的首都博物馆建设者能够参与到这项修史修志工作中来，用集体的记忆共同书写首都博物馆的发展历史，共同见证历史、以史鉴今、启迪后人。

因编辑团队学浅力薄，难免疏漏，还望读者慷慨指正。

首都博物馆口述历史编撰组

2021年9月1日

致　谢

首都博物馆口述历史项目的顺利开展，得益于首都博物馆党委的坚强领导。在项目立项及前期采集、系统建设工作中，主要由孙芮英、罗征、彭昕三名同志参与。

在此要特别感谢全体口述人对本项目的无私支持与帮助，特别是在齐心、薛婕两位老师的热情相助下，项目组得以联系到更多作为首博创业者的口述人前辈参与其中。也要感谢口述人在项目过程中无偿提供的大量图片、资料、信息，使首都博物馆筹备期的历史面貌得以丰富。

在资料整理过程中，特别感谢张健萍老师最初的文献梳理准备，孙五一、祁庆国两位老师提供的相关细节线索，李琦老师前期做的大量视频资料比对工作，以及办公室杨敏、龚楠，信息部杨洋、杜翔、韩晓、罗征、张京虎，党建部齐佳、马青，藏品部冯好、秦东升、高德智、赵型，财务部韩军、吴明等同事的大力支持与帮助。

感谢北京雅昌文化发展有限公司、中国传媒大学崔永元口述历史研究中心对本项目工作的支持与帮助。在首都博物馆早期大事记整理编写过程中，北京市文物事业管理局编写的《1949—1978北京文物博物馆事业纪事（上）》、北京市文物局编写的《1979—2006北京文物博物馆事业纪事（下）》起到了非常大的作用，在此一并感谢各位前辈所作的努力。

口述历史出版项目的文稿编写过程中，得到北京市文化和旅游局、北京市文物局、北京市档案馆、首都图书馆、新华社、北京日报社、中央新影集团等多家单位提供的支持与帮助，特此感谢。出版工作由科学出版社完成，所有编辑人员均为此付出了努力。

希望所见成果，不负各位心血。

首都博物馆口述历史编撰组

2021年9月1日